ABLINGER, VEDRAL & PARTNER

Ablinger, Vedral & Partner bauen Häuser mit Dächern. Modern, unmodern? Ein Haus mit breitem Dachvorsprung zu machen, das war in der klassischen Moderne eine Todsünde. Dach-Architekten waren Traditionalisten, altmodisch. Modern dagegen war der glatte, der geometrisch reine und gesimslose Rechtkant. Das Open-Air-Deck für Gymnastik und Sonnenbad auf dem Flachdach ersetzte die zwielichtigen, minderwertig genutzten Räume unter dem konservativ gebrandmarkten Steildach. TBC-Sanatorium, Freiluft- und Freikörperkultur, maschinelle Abstraktion und Effizienz der Produktform – das waren Leitmotive dieser Zeit. Natürlich gab es solche, die unabhängig von Trends arbeiteten – und vielleicht moderner waren als diese Moderne. Frank Lloyd Wright etwa oder R.M.Schindler hatten immer markante Dächer gemacht und waren nie in den Kanon des Internationalen Stils aufgenommen worden.

Das alte japanische Haus war vielen Modernen ein Vorbild, doch meist nur in seiner maßlichen Modularität, in seiner strukturellen, möbellosen Strenge. Eine seiner wesentlichen Qualitäten – die Filterzone zwischen Drinnen und Draußen unter den weit vorspringenden Dächern, die Veranden mit aufschiebbaren Leichtwänden – das wurde im Lichte neuer Beton- und Stahlbautechniken marginalisiert. Das japanische Haus war ein Holzbau. Auch Ablinger, Vedral & Partner frönen dem Holzbau. Und das breite Vordach ist in unserem Klima als konstruktiver Holzschutz nach wie vor unersetzlich, wenn man den Holzbau in seinen Qualitäten und Potentialen ernst nimmt. Der Dachvorsprung – über der Fensterwand oder einem Mauerstück – wirkt nicht nur als Regen- und Schneeschirm für Fassade und Haus, er schützt auch gegen zu viel Sonneneinstrahlung, schafft vor der Aussenwand ein spezielles Kleinklima und definiert einen informellen Vorraum als Puffer zwischen Innen und Aussen. Dach und Vordach sind komplexe, polyvalente Elemente des Bauens, funktioneller jedenfalls, als der sogenannte Funktionalismus meinte, der die Formen von Auto, Schiff, Flugzeug und anderen Maschinen zum Vorbild nahm. Die blanken, weissen Verputzfassaden der klassischen Moderne erschlossen zweifellos neue ästhetische und ethische Gefilde. Funktionell und technisch waren sie oft problematisch: programmierte Bauschäden bzw. Formkonstrukte, die aus Prinzip und tatsächlich nicht alterungsfähig waren und immer „neu sein“ mussten, also ständig erneuert werden mussten.

Hätte das Bauhaus z.B. neben dem altjapanischen Modell noch die ganze Skala der alteurasiatischen Haustypologien wahrgenommen – hochkultivierteste Holzbauten vom Osten der Türkei über den Bosporus, die Levante und den Balkan, über Bulgarien bis in die Slowakei, mit raffiniert gestaffelten Hausprofilen und differenzierten Dach- und Vordachpartien zur Klimaregelung, als Wetterschutz, Sichtfilter und Raumbildner – hätte die klassische Moderne vielleicht einen anderen Kurs genommen. Doch das ist Geschichte.

Dächer wurden inzwischen „wiederentdeckt", neue Technologien im Holzbau entwickelt. Architektur ist heute eine gesamtheitliche, ökologisch und technisch viel breiter orientierte Disziplin. Ablinger, Vedral & Partner bauen viel in Holz und folglich mit prägnanten Dachformen – ein Teilaspekt, der die grundsätzliche Konzeption ihrer Bauten widerspiegelt. Dächer und Vordächer leiten den Regen nicht nur vom Haus weg. Als Gründächer ausgeführt, fangen sie auch Niederschlag auf, wandeln ihn in wachsende Dämmschichten um, leiten das Oberflächenwasser in verschiedene Kreisläufe ein, die das Haus und sein Gelände als zusammenhängendes, thermisch-ökologisches System nutzen. Das begrünte Vordach wirkt auch als optische Verlängerung von Terrassen oder Loggien und zugleich als Sichtblende. So werden z.B. bei Geschoßbauten die unteren Etagen oder Wohngärten gegen den Einblick von oben abgeschirmt. Die breite Dachplatte erlaubt ein weiteres, typisches Element. Unter diesem Wetterschutz können große Holz-Glas-Schiebefenstertüren außenliegend angeordnet werden. Dadurch wird einerseits der Innenraum räumlich und funktionell freigespielt, andererseits kann so die Öffnung nach Aussen wirklich schwellenlos und radikal gestaltet werden. Vom Vordach abgehängt wirken als äußerste Nutz- und Formschicht die elektrisch steuerbaren Jalousien gegen die flache Sonne und als partielle Sichtfilter. Auf diese Weise können sehr große Glasflächen thermisch und optisch wirklich gut kontrolliert werden. Die abgehängten Lattenroste dienen in diesem ganzen System zusätzlich als gestaffelte Sonnenbrecher und Tropfkanten sowie als Putz- und Wartungsstege für die Holz-Glasfassaden. Ohne chemische Konservierungen können so die äußeren Holzpartien im Lauf der Jahre schließlich jene feine und ansehnliche Patinierung annehmen, die wir an alten Ruralbauten so schätzen.

Ablinger, Vedral & Partner verbinden konstruktive und haustechnische Innovation mit präzisen Antworten auf Nutzungsprofile und topografische Gegebenheiten. Ihr eigenes Büro-Wohnhaus verwandelt eine 45° steile, schmale Südparzelle in ein faszinierendes Biotop, ein räumliches und technisches Ineinander von Natur und Architektur, von Holz, Stein, Glas, Metall, Erde, Wasser, Licht, Schatten, Fauna, Flora; ein Haus in den Bäumen, über und unter den Bäumen, mit kilometerweitem schönen Fernblick zum Wienerwald oben und schattigem Dschungel unten, mit einem Wasserkreislauf über 12 m Höhe, der unten in einen optisch randlosen Badeteich mündet, gefasst in einer Betonwanne, deren Unterseite eine kühle Sitzgrotte überwölbt, einen Platz der Kontemplation, umhegt von Efeu und urwalddichtem Unterholz.

Zwei Aspekte noch aus der Fülle diskreter Details, die erst im Gebrauch ihre komplexe Einfachheit offenbaren: Lärchene, unversiegelte Bretterböden, gefügt in erstaunlicher Präzision, bergen in sich die Fußbodenheizung und leicht aushebbare Leisten für die Kabelwelt

von Büro und Haustechnik; vom Schlafraum tritt man auf eine innere Terrasse, einen Holzrost aus schmalen Leisten, der an die aufschiebbare Glasfassade heranreicht und stegartig um den Luftraum des Wohnbereiches weiter- und herumführt. So kommt man mit nackten aber nicht kalten Füßen vom Bett auf den offenporigen Holzboden und hinaus auf die fein gehobelten Leisten, die wie Massagebretter die Sohlen streicheln und noch dazu gestreiftes, gesiebtes Oberlicht auf den schräg darunter liegenden Essplatz durchlassen.

Architektur ist in solchen und anderen Beispielen dieses Teams die räumlich-klimatische und technobiologische Transformation von Landschaft zum Habitat. Die ästhetischen Qualitäten der Moderne sind mit den natürlichen Bedingungen und Ressourcen in Balance, heutiges Raumgefühl und avanciertes Konstruktionswissen ist mit naturnaher und nachhaltiger Materialbehandlung im Einklang. Holz-Glas-Tektonik ist in einigen Bauten mit gestampften Lehmwänden kombiniert, die anstelle herkömmlicher Klimaanlagen als Hypokausten wirken. Durchströmt mit Frischluft aus eigens angelegten Grünpartien und über Wärmetauscher im Erdkörper unter dem Bau im Winter vorgewärmt, im Sommer abgekühlt, sorgen diese Klimawände für angenehme Strahlungswärme oder zugfreie Kühlwirkung – und ergänzen die lichtdurchfluteten Holzstrukturen mit komplementärer optischer und haptischer Präsenz.

Bruno Taut, ein Pionier der europäischen Moderne, aber auch intimer Kenner der japanischen wie der osmanischen Haus – und Baukultur, formulierte in seiner Architekturlehre: „Die Funktion hat sozusagen vier Dimensionen: Länge, Breite, Höhe und Zeit. Ihre fünfte liegt darin, welche Beziehung ein Raum zu seinem Nachbar und Nebenräumen hat – das gilt auch für Straße und Platz. Man könnte es die Elastizität des Raumes nennen. Die sechste ist das Licht, die siebente der Schall, in der achten könnte man die Luft sehen, die je nach der Art der Ventilation die Raumgrösse erheblich beeinflusst, in der neunten das spezielle Wetter der klimatischen Lage und so fort. Man kann keine einzige dieser Dimensionen isoliert ansehen, sondern muss sie zusammen in eine harmonische Ordnung bringen." Die hier vorgestellten Bauten und Projekte sind auf dem Weg, diese Maximen mehr und mehr und immer selbstverständlicher zu erfüllen. Ein größeres Kompliment kann ihnen aus meiner Sicht nicht gegeben werden.

Otto Kapfinger

Ablinger, Vedral & Partner build houses with roofs. Modern, old-fashioned? To build a house with a wide roof projection was a deadly sin in the classical modern age. Architects who planned such roofs were old-fashioned traditionalists. Smooth, geometrically pure roofs with the rectangular edge, without cornices were modern. The so-called open air deck for gymnastics or sunbathing on the flat roof replaced the unfavorable spaces of inferior quality under the steep-pitched roof branded as conservative. Tuberculosis sanatorium, open air culture, nudism, mechanical abstraction, and efficiency of production were the leitmotivs of those years. Naturally, there were some people who worked outside of these trends, who were possibly more modern then these modernists. For example, Frank Lloyd Wright and R.M. Schindler always designed striking roofs and were never admitted as a part of the international style.

The old Japanese house was a model for many modernists, but only for its dimensional modularity, its structural strictness, and lack of furniture. One of its fundamental qualities, the filter-zone between inside and outside under the broad projected roof, the verandas with their sliding light-structured walls, was marginalized by the new concrete and steel construction techniques. The Japanese house was a wooden structure. Ablinger, Vedral & Partner are also indulged in wooden structures. The wide canopy is still an irreplaceable constructive protection system in our climate as long as one takes the potential and qualities of wooden construction seriously. Not only does the wide roof projection above a window-facade or a piece of wall act as an umbrella against rain and snow, it also provides protection against the sun, creates a mini-climate in front of the outer wall, and defines an informal anteroom which acts as a buffer zone between inside and outside. Roof and canopy are complex, multivalent elements of building, at any rate more functional than what the so called functionalism had in mind by using the shapes of ships or cars as models for other machines. The shiny facades of the classical modern age with their white finish certainly opened up new esthetic and ethic realms. They were often functionally and technically problematic; inevitable structural damage, construction forms which were not designed to last, and which had to be continuously renewed in order to stay intact.

Had the Bauhaus School only been aware of the whole range of the ancient Eurasian house typologies, apart from the old Japanese model, such as the highly cultivated wooden constructions of eastern Turkey, the Bosporus, Levant, and the Balkans from Bulgaria all the way into Slovakia with their refined staggered house profiles, their subtly diversified roof, and their canopy structures which acted as weather protection, climate regulator, formed spaces, and visibility filter, the classical modern style might have taken another course. This is however history.

In the meantime roofs were „rediscovered" as such. New technologies were developed for wooden constructions. Architecture today is an overall discipline with a much broader environmental and technical orientation. Ablinger, Vedral & Partner use wood extensively in their buildings and consequently come up with striking roof structures, which is part of the fundamental idea behind their design. Roofs and canopies do not merely conduct water away from the house. When they are designed as green roofs, they also collect the rain/hail/snow and turn it into growing insulation layers, divert the water on the surface into various cycles which use the house and its grounds as a coherent thermal-environmental system. The canopy covered with greenery also acts as an extension of terraces or balconies and as a visibility screen. Thus, the lower stories, or ground-floor gardens of multi-storey buildings, are shielded from the view from above. The wide roof slab facilitates a further typical element. It is possible to plan large wooden-glass sliding windows/doors on the outer shell underneath this weather shield. The interior space is thus spatially and functionally exposed. On the other hand the transition from inside to outside can be arranged in a smooth and also radical fashion. The electrically operated venetian blinds suspended from the canopy act as an outermost layer of form and use. They also act as a shield against the low sunrays and as a partial visibility filter. Thus, very large glass surfaces can be optically and thermally controlled in an efficient way. The suspended stats in this whole system work as an additional staggered sunshade and drip edge as well as a scaffolding for maintaining and finishing the wooden-glass facades. The exterior wooden surfaces can thus acquire the fine, attractive patina over the years which is highly appreciated in old, rural buildings without any chemical conservation.

Ablinger, Vedral & Partner combine innovation in technical areas and installation design with precise responses to usage profiles and the topographical facts of the site. Their own office-residential building turns a 45° sloped, narrow, south oriented parcel of land into a fascinating biotope. It is a technical and special reticulation of nature and architecture, of wood, stone, glass, metal, earth, water, light, shade, fauna, and flora. It is a house in the trees, over and under the trees, with a view of Vienna Woods for miles around at the top and a shady jungle down below, with a cycle of water which starts at a height of 12 m and flows into an optically rimless pond encased in a concrete tub, the bottom of which vaults a cool bench-grotto; a place of contemplation surrounded by ivy and dense undergrowth.

Here are two more aspects of the abundant discrete details, which reveal their complicated simplicity only when in use: unsealed larch floor boarding, placed with an amazing precision holds the sub floor heating. Narrow strips of wood which are easily disassembled

reveal the cables and technical installations of a typical office; coming out of the bedroom, one steps out on an inner terrace which consists of a wooden grid floor made out of narrow strips of wood that reaches up to the sliding glass facade and continues around the air space of the living room. Thus, one walks out of bed with naked but warm feet on the porous wooden floor, comes out onto the grid of fine planed down strips of wood which not only act like a massage board but also let a striped, filtered roof light shine through on the oblique placed dining space underneath.

As seen in this example as well as others, architecture is, for this team, a special-climatic and bio-technical transformation of landscape into habitat. The esthetic qualities of the modern times are in balance with the natural conditions and resources. The contemporary feeling of space and the advanced knowledge of construction are in harmony with the natural and sustainable treatment of materials. In some buildings, wood-glass-tectonic is combined with pressed loam walls, which act as a hypocaust replacing the conventional air-conditioning system. These acclimatizing walls provide a comfortable radiant heat or cool air without draught by means of fresh air which filters through the self-planted greenery and the heat-exchange in the mass of earth under the building; preheated in winter and cooled off in summer. They also supplement the wooden structure flooded with light by means of their complementary optical and tactile presence.

Bruno Taut, not only a pioneer of the European modern age, but also an intimate expert on Japanese and Ottoman housing and building culture writes in his teachings on architecture: „Function has four dimensions; length, width, height, and time. The fifth dimension is the relation of space to its neighbors and neighboring spaces, valid also for streets and squares. One could call this „the elasticity of space". The sixth dimension is the light, the seventh the sound, the eight could be the air which influences the size of space considerably by the kind of ventilation; the ninth could be the specific weather and climate conditions, etc. One cannot regard any one of these dimensions as isolated from one another but needs to order them harmoniously together." The buildings and projects presented here fulfill these maxims in a more and more self evident fashion on a continuous basis. It is not possible to make a greater compliment in my opinion.

Otto Kapfinger

Manchmal frage ich mich: Wie lange wird das, was geplant oder beabsichtigt war, gültig sein? „Architekturfotos" überraschen mich meist; das, was ich wirklich wahrnehme, ist völlig anders. Ist es gut geworden, zieht es an, man nickt oder spitzt die Lippen, überlegt, was es ist: Vielleicht ganz einfach, fast banal: Es funktioniert und ist von hohem Wert.
Vor über fünfzehn Jahren, nach Abschluss meiner Hochschulstudien begann meine selbstständige Arbeit mit einem Forschungsprojekt über Holzhäuser und die Zusammenarbeit mit Renate Vedral. Das Büro wuchs mit den Projekten, es blieb nie die Zeit zur Präsentation oder Aufarbeitung des Gebauten. Die Dokumentation der Arbeiten geschieht nun punktuell, Ungebautes ist – wenn, dann nur in der Übersicht erwähnt, ebenso Möbel. Viele der Fotos sind daher auch nur „Schnappschüsse". Es geht mir mehr darum, die Arbeiten zu zeigen, als Hochglanzbilder zu präsentieren.

Sometimes I ask myself: How long will that, which has been planned or intended, stay valid? „Photos of architecture" surprise me often; my observations are completely different. Has it turned out to be good? Does it attract people? One nods or purses the lips, puzzles over what it could be: Maybe, the answer is simple, almost banal: It works, and has a high value.
More than fifteen years ago, after I finished university, I started working on a research project about wooden houses with Renate Vedral. The office grew with new projects. There was no time left for presentation or to catch up with what was already built. The documentation of the work happens selectively now. Projects that haven't been carried out, as well as furniture are mentioned only in the survey section if at all. Therefore, many of the photos are merely „snapshots". I am more concerned about conveying the information than I am about presenting glossy photographs.

Herbert Ablinger

I. Sanierung

Palais Porcia – Administrative Bibliothek
Palais Palffy
Haus im Wienerwald

Sanieren hat etwas mit Heilen zu tun, Heilen mit Erneuerung. Eine gute Sanierung belebt das Haus, respektiert das Vorhandene, greift dort ein, wo strukturelle Schwächen zu beseitigen sind und erfüllt das Gebäude mit neuem Glanz.

Renovation has something to do with healing, healing with regeneration. A well done renovation revives the building, respects the existent, intervenes only to eliminate structural weaknesses, and gives the building a new radiance.

Palais Porcia - Administrative Bibliothek des Bundeskanzleramtes, Wien

Die Sanierung öffentlicher Gebäude kann mitunter Jahrzehnte in Anspruch nehmen. Zu viele Interessen, Wünsche, Ansprüche – ökonomischer, denkmalpflegerischer oder einfach budgetärer Natur – sind zu harmonisieren. Verglichen mit Geschichte und Bedeutung eines Hauses sind Zeiten der Neuorientierung für den Fortbestand entscheidend.

Palais Porcia - Administrative Library of the Federal Chancellery, Vienna

Renovation of public buildings can take up decades. Too many variables such as different interests and wishes, preservation techniques, budget, and economical aspects need to be coordinated. In comparison with history and the meaning of a building, a time of „new orientation" is crucial for its survival.

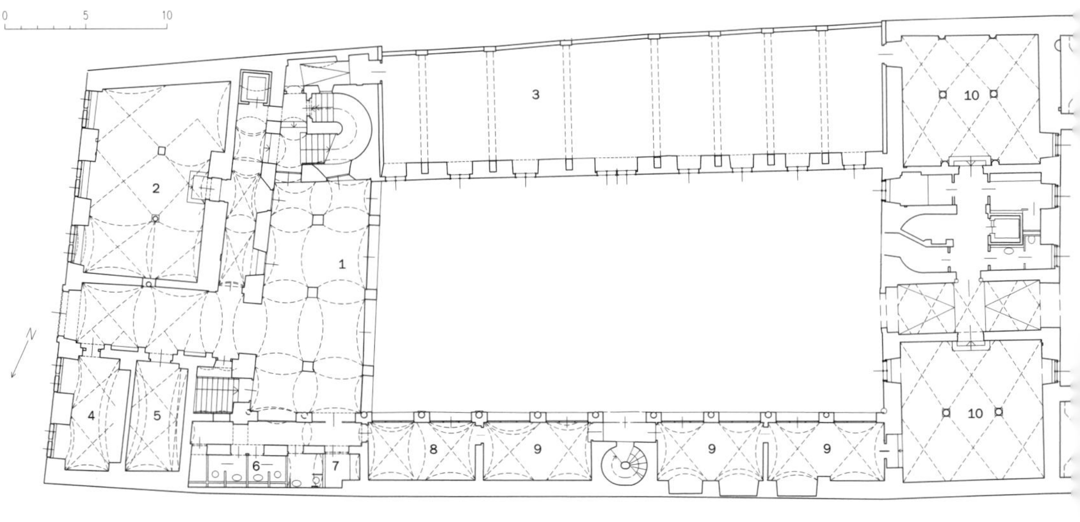

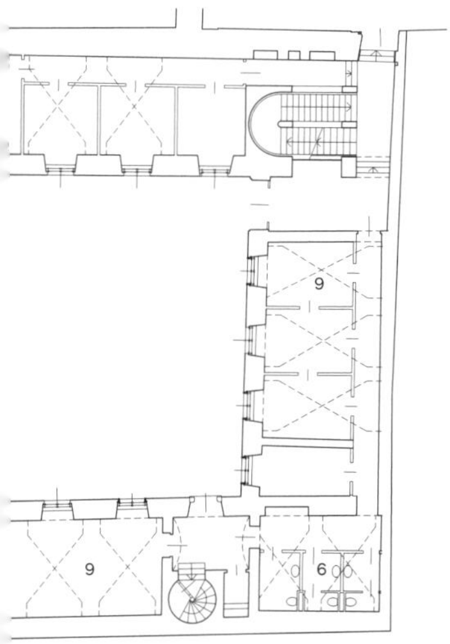

1 Sala Terrena Sala Terrena
2 Sitzungszimmer conference room
3 Bücherspeicher storeroom for books
4 Portier porter
5 Müll garbage
6 WC Gruppe washrooms
7 Küche kitchen
8 Sozialraum staff room
9 Büro office
10 Leseraum reading room

22

Die Freilegung wertvoller Substanz und die Beseitigung früherer qualitätsloser Zu- und Einbauten werden möglich. Architekt Stein als beauftragter Architekt war während meiner Studienzeit väterlicher Förderer und ist es bis heute geblieben: Ich begann als Student mit diesem Projekt in seinem Büro. Herbert Ablinger

It is possible to uncover valuable substance and eliminate the additions and built in elements of bad quality. Architect Stein, as the commissioned architect, was my patron during my university years and has stayed that way until now: I started working with this project as a student at his office. Herbert Ablinger

Isolier- Nurverglasungen waren damals erst als Fixverglasungen üblich. Die punktgehaltenen Isolierglastüren hängen an einem Stützrohr und sind nur von Innen öffenbar. Die Funktion desTürdrückers übernimmt eine drehbare Griffstange mit „Lippenstift"– Mechanismus.

Insulating sole-glazing was often used for fix-glazing at first.The point fixed insulating glass doors hang from a supporting tubular column and can be opened only from inside. Instead of a door handle a grab bar with a „lipstick" mechanism opens the door.

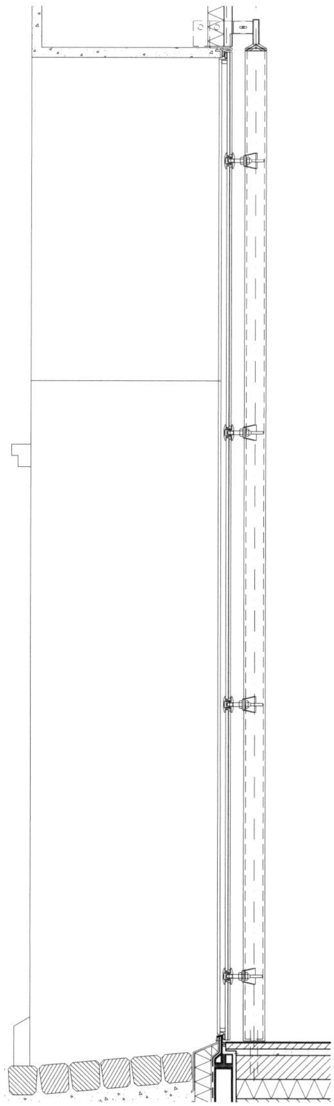

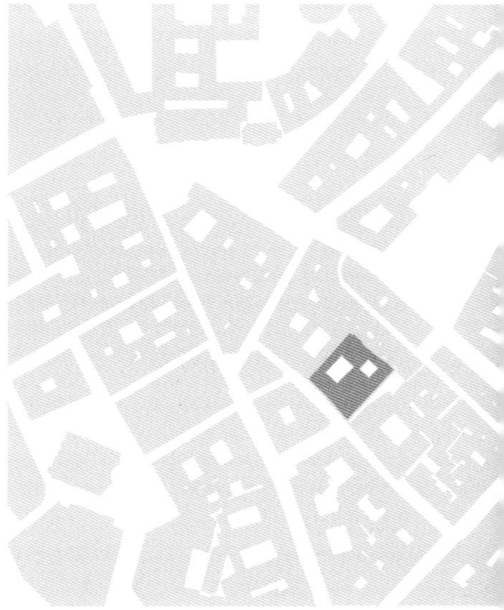

Generalsanierung Palais Palffy

Master-Renovation

Wallnerstraße 6, 1010 Wien

Ein Haus mit Tradition

Die Geschichte der ursprünglichen 10 Häuser geht bis ins 15. Jhdt. zurück.

1811 lässt Graf Johann Palffy einen 3-geschossigen Empirebau errichten.
1922 erwirbt die Anglo-österreichische Bank und Handels-AG das Gebäude. Arch. Leopold Bauer plant den Umbau des Palais in ein „modernes Bankhaus". Im Haupthof wird ein glasgedeckter 2-geschossiger Kassensaal errichtet.
1948 Im ehemaligen Haupthof wird ein 5-geschossiger Bücherspeicher eingebaut
1996 Ein internationales Pressezentrum wird geplant. Alle Einbauten im früheren Haupthof werden entfernt, ein glasgedeckter Saal und Foyer bilden Bezug zur Vergangenheit.
2000 Projektstopp durch Bauherrschaft, neue Nutzungskonzepte werden erstellt.
2002 Die OSZE soll hier einen zentrumsnahen Standort bekommen.

A house with tradition

The history of the original 10 houses goes back to the 15th century.

1811 Count Johann Palffy commissions a 3-storey palace.

1922 the Anglo-Austrian Bank Inc. purchases the building. Architect Leopold Bauer plans renovation to turn the palace into a „modern bank house".
A 2-storey high banking hall with glass roof cladding is built in the main courtyard.

1948 A 5-storey tall storehouse for books is built into the former main courtyard.

1996 An international press center is planned. All the former additions to the main courtyard are removed. A glass roofed hall and foyer maintain the reference to the past.

2000 The project is stopped by the clients. New concepts for other uses are developed.

2002 A new location for OSCE, closer to the town center is planned.

Alte Gebäude mutieren manchmal im Laufe der Geschichte zum nutzlosen Labyrinth. Sind die Menschen gegangen, besiedelt die Taube das Gemäuer, findet sich kein engagierter Bauherr, ist die Substanz dem Verfall preisgegeben. Ist die zukünftige Verwendung erst einmal geklärt, sind die Menschen, die das Haus beleben sollen, bekannt, wird Lichtführung und Orientierbarkeit zum Hauptthema dieser Erneuerung.

Old buildings mutate sometimes into useless labyrinths through history. When the people have left, the pigeons take over. If the client is not committed, the building is doomed to dilapidation. Once the future use of the building is defined and the people who are supposed to use it are determined, good orientation and daylight become the main theme of the renovation.

1 **Foyer** foyer
2 **Garderobe** warderobe
3 **Sicherheit** security
4 **Hof** courtyard
5 **Cafe** cafe
6 **Lager/Technik** storage/technics
7 **IT** IT
8 **Müll** garbage
9 **WC/Sanitär** washrooms
10 **Kommunikation** communication
11 **Büro** office

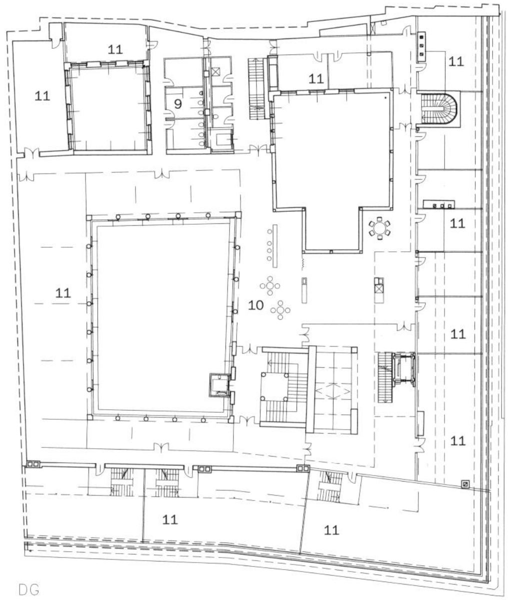

DG

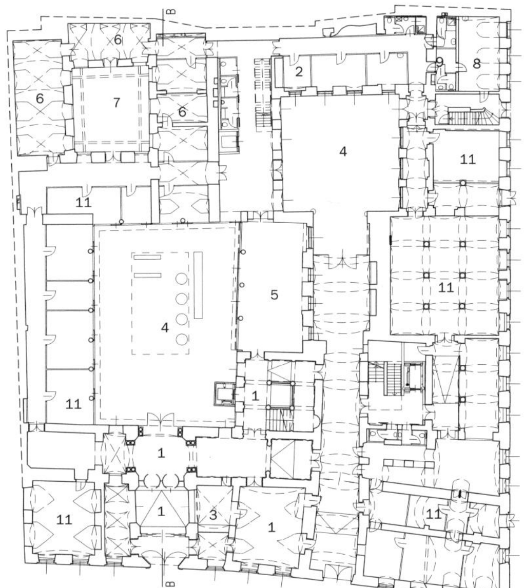

EG

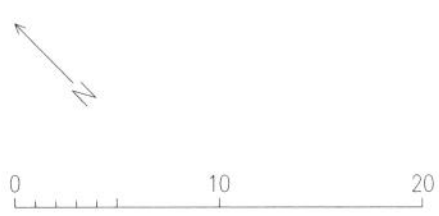

Prunkräume aus der Zeit von Fürst Palffy. Rooms of magnificence from the era of prince Palffy.

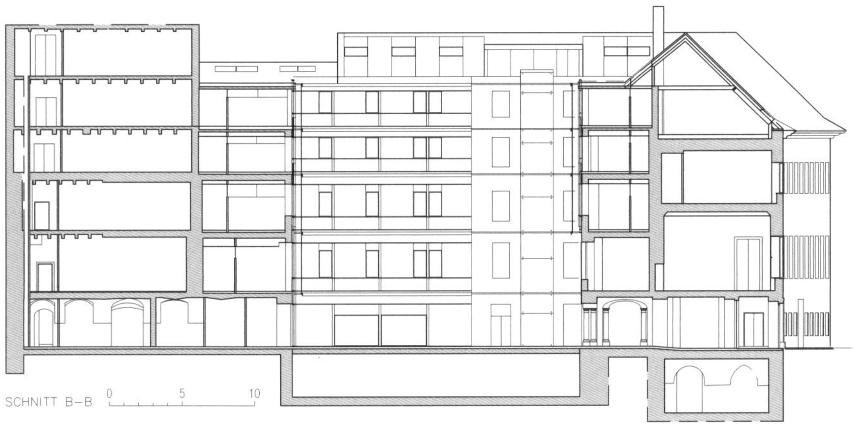
SCHNITT B–B
0
5
10

Haus im Wienerwald

Manchmal, wenn ein altes Haus in sich ausgewogen scheint, fragen wir uns, ob es überhaupt einer Veränderung bedarf. Mit Respekt vor dem Alten wandelt sich vielleicht die Aufgabe, oder die Lösung zeigt sensiblen Umgang. Gerade bei Zubauten liegt die Herausforderung mehr in der Frage nach der Gesamtwirkung als nur im eigentlich Neuen.

A House in Wienerwald

Sometimes, when an old building seems to be well balanced in itself, we ask ourselves if a change is necessary at all. Maybe the task alters with the due respect for „the old", or the solution treats „the old" in a more sensible way. Especially where additions are concerned, the challenge is a question of an overall impression rather than the actual new building.

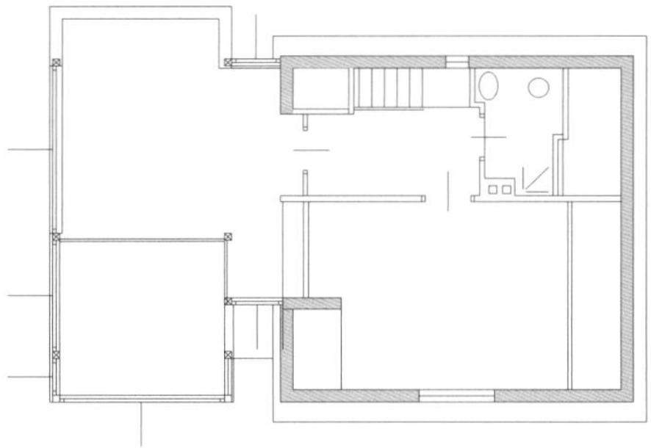

DG

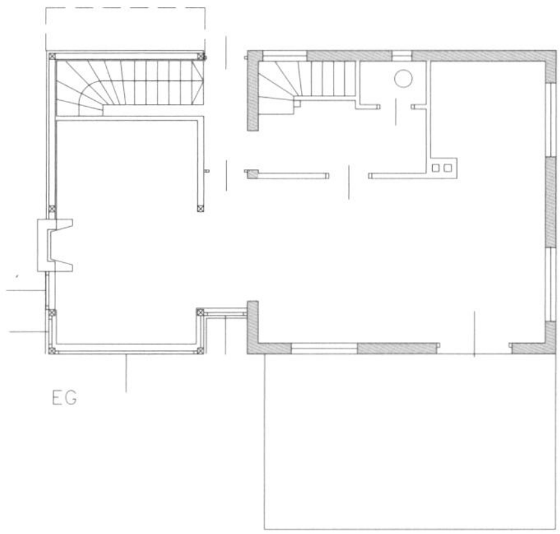

EG

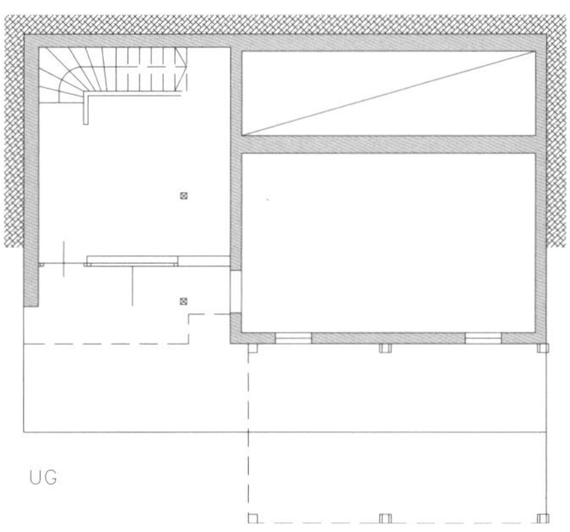

UG

II. Sozialer Wohnbau

Jettmargasse
Ferdinand Freyweg
Wulzendorfstrasse

Ganz pragmatisch könnten wir – statt vom sozialen – vom geförderten Wohnbau sprechen. Oder auch vom Bauen für anonyme Individuen. Wenn es schon sozialer Wohnbau ist, dann sollen die Wohnungen trotzdem – oder erst recht – menschenbejahender Lebensraum sein.

With a completely pragmatic approach, one could speak of sponsored housing instead of social housing, or of building for anonymous individuals. If we have to speak of the so called social housing, the apartments should at least (or rather especially under these circumstances) exude a positive attitude towards the people in them.

Jettmargasse 1230 Wien

Ausgangspunkt für dieses erste Projekt war eine Forschungsarbeit über Holzhäuser in Österreich. Ein innovativer Bauherr war bereit konstruktiven Holzbau zu fördern. Das Wohnkonzept mit der Optimierung der Freiräume hat sich bewährt.

This first project started out as research work about wooden houses in Austria. An innovative client was ready to promote constructive wooden framework. The concept of optimising free space proved worthwhile.

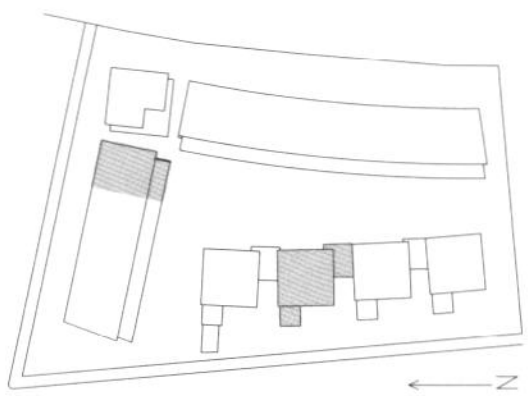

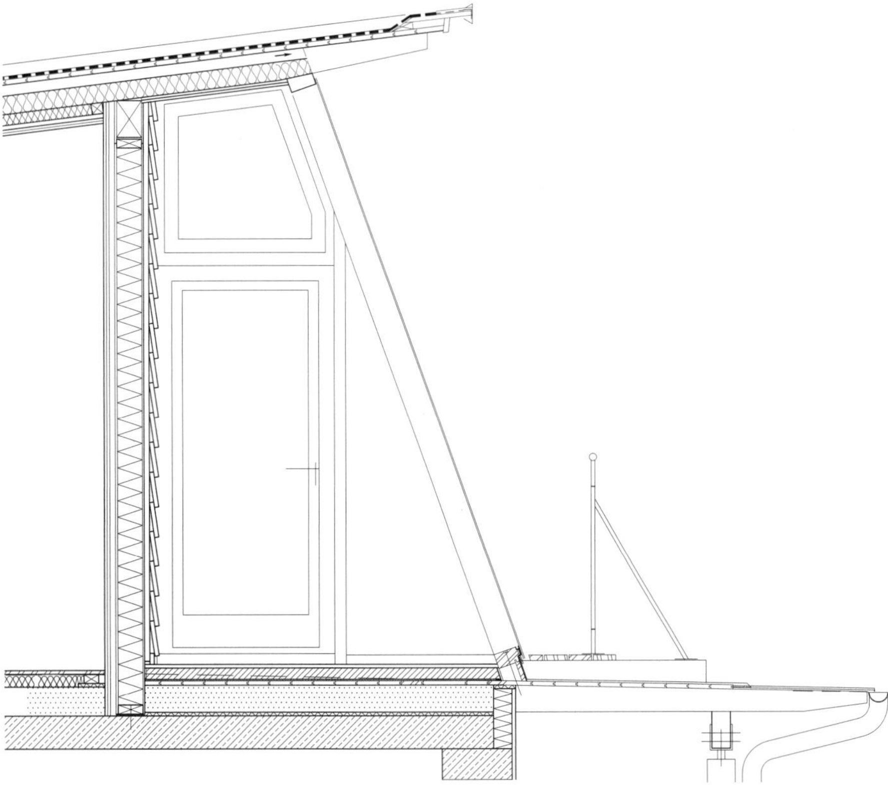

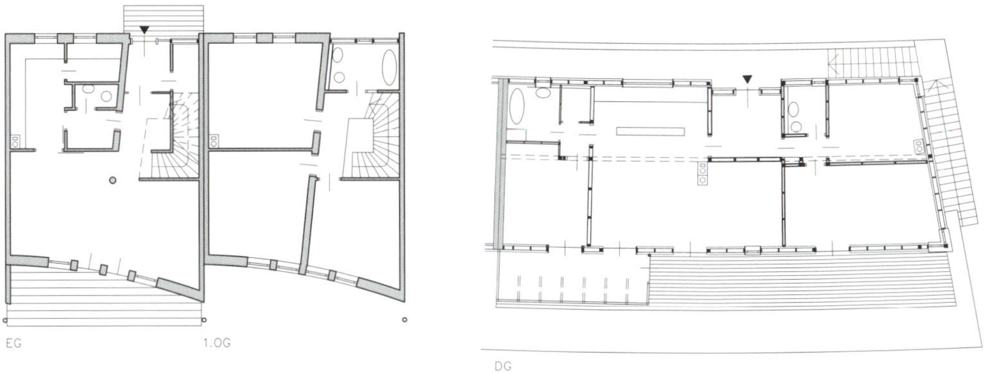
EG
1.OG
DG

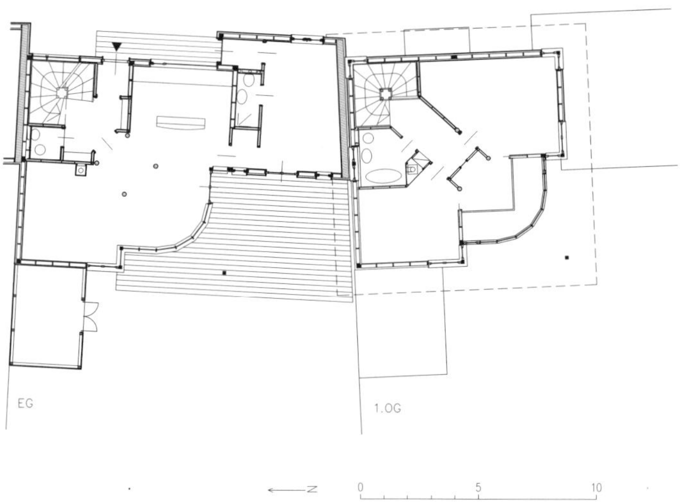
EG
1.OG
N
0
5
10

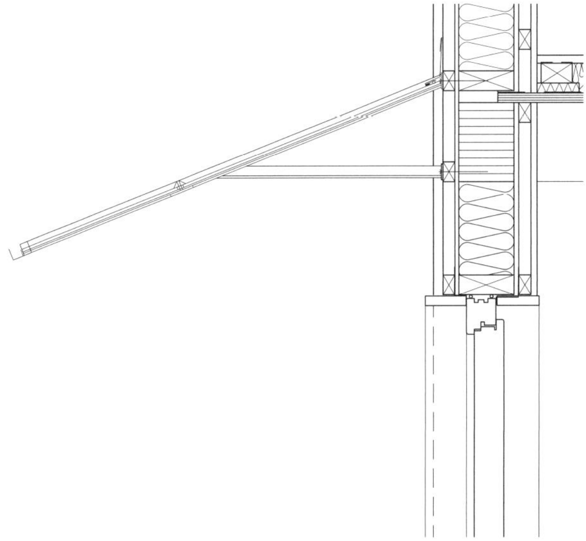

Wasser ist wie kein anderes Element in der Lage, Frieden und Freude zu schenken. Wo immer ein Brunnen steht, zieht er Menschen an. Vor allem bei Kindern sehen wir, wie rasch sie beim Spiel mit Wasser loslassen können, die Welt mit allen Pflichten vergessen und sich ganz der Zauberkraft eines Brunnens hingeben.

Annerkennungspreis Pilgrampreis 1994 Ausführung: Kurt Seehofer

Unlike any other element, water is capable of giving peace and pleasure. Wherever there is a fountain, it attracts people. We can observe this tendency especially when it comes to children. They can let go so quickly where water is concerned, forget the rest of the world with all its responsibilities and surrender to the magic power of a fountain.

Appreciation award, Pilgrams prize, 1994 Realization: Kurt Seehofer

Ferdinand Freyweg 1140 Wien

Am Anfang stand die Einladung des Bauträgers, zu einem umstrittenen, bereits eingereichten Projekt, eine Alternative zu entwickeln. Spannend waren die schwierigen Rahmenbedingungen: 20 m Trakttiefe einerseits und unser Wunsch, jede Wohnung mit südorientierten Freiflächen „auszurüsten". Der Versuch, das Gebäude als Holzbau zu konstruieren, musste aufgrund der Forderungen der Baubehörde betreffend Brandbeständigkeit von Wohnungstrenndecken aufgegeben werden.

It began with the invitation of a building contractor to develop an alternative program for a controversial project which had already been submitted to the authorities for a construction permit. The basic conditions were challenging: A 20 m deep block and our wish to „equip" each apartment with a south-oriented open area. We had to give up on an attempt to put up a wooden construction due to a building code regulation which calls for a fireproof floor structure separating different apartments.

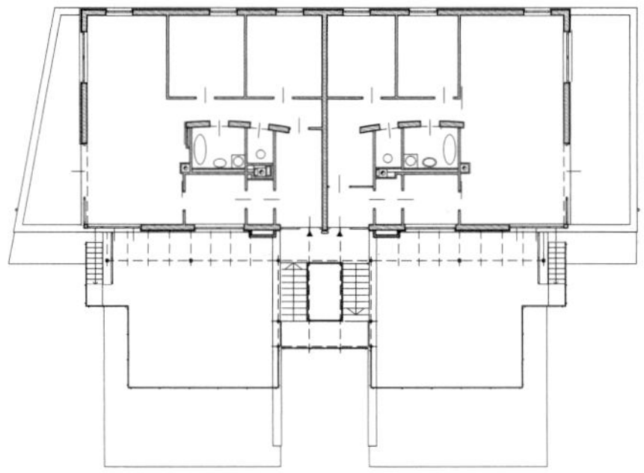

DG

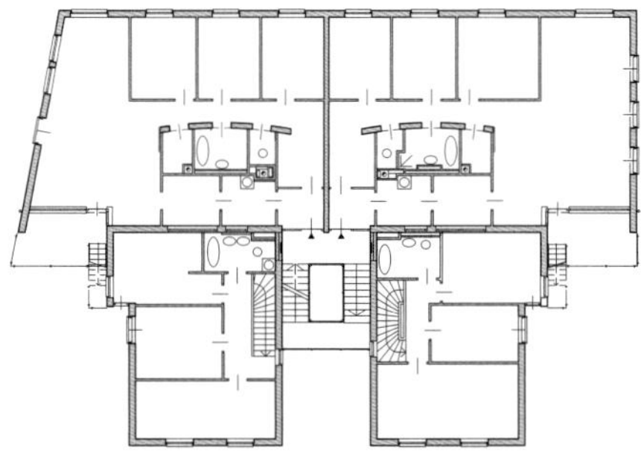

1.OG

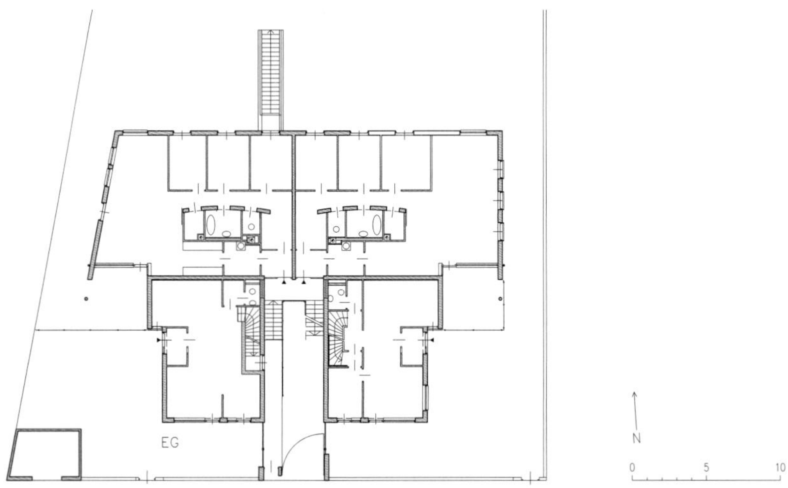

EG

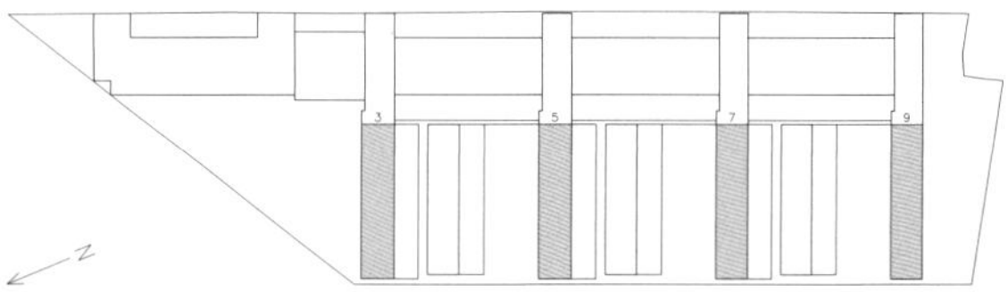

Wulzendorfstraße 1210 Wien

Jeder Wohnung wollten wir – trotz mehrgeschossiger Bauweise – privaten Grünraum zuordnen. Zwei südorientierte Maisonettewohnungen wurden übereinander gestapelt, die untere mit Garten, die obere mit Dachgarten. Das Vordach dazwischen verhindert Einblick Fremder zum „Erholungsraum" Terrasse von oben. Alle vier Gebäude haben nach Westen – zum Grüngürtel hin – ihren „Kopf". Unten ein geschützter Platz, darüber ab dem 2.Stock zweigeschossig Atelierwohnungen, die sich hauptsächlich nach Westen zum Grüngürtel öffnen.

In spite of the multi-storey type of construction, each apartment should have its own private green space. Two south-oriented maisonnettes are stacked; the lower one with a garden, the upper one with a roof-garden. The canopy between them blocks the view to the „relaxation area" terrace from above. All four buildings have their „head" oriented towards the green belt in the west. Below, the sheltered space, starting with the second floor, the 2-storey atelier-apartments mainly oriented towards the green belt in the west.

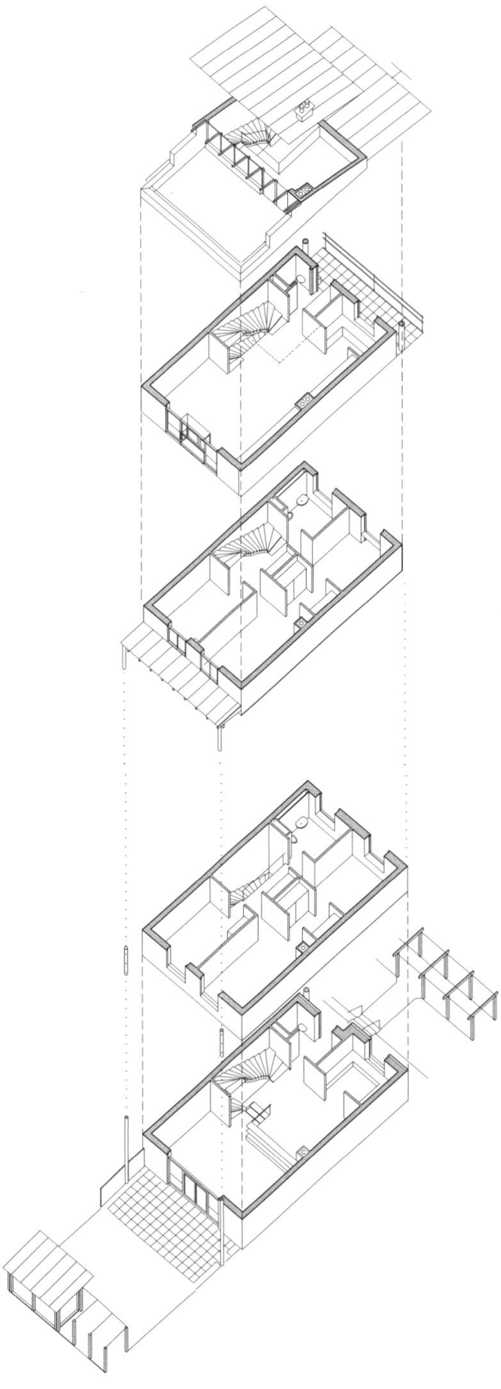

MAISONETTE MIT DACHGARTEN

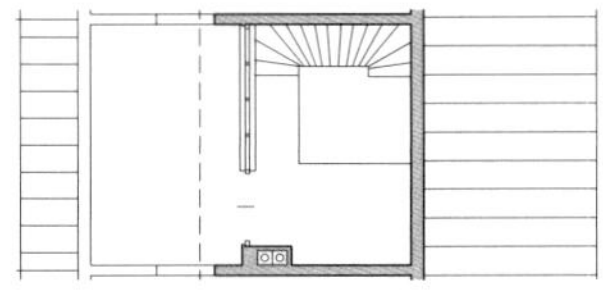

DG

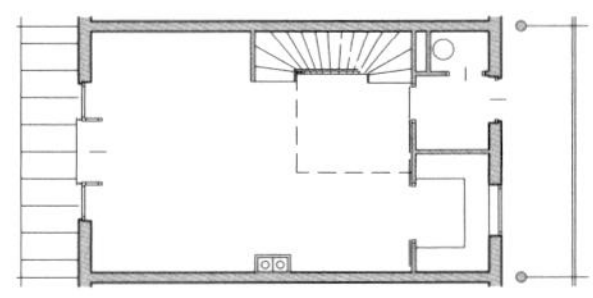

3.OG

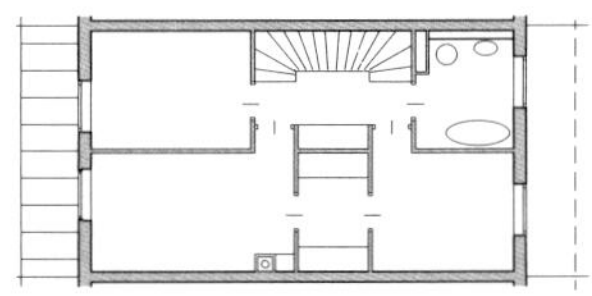

2.OG

MAISONETTE MIT GARTEN

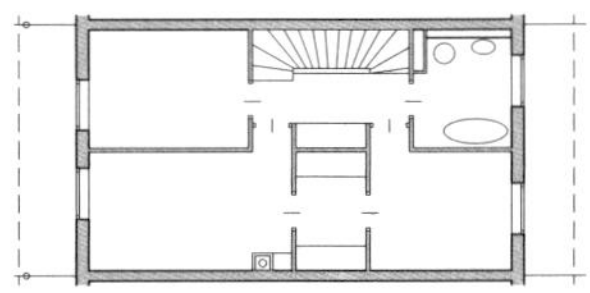

1.OG

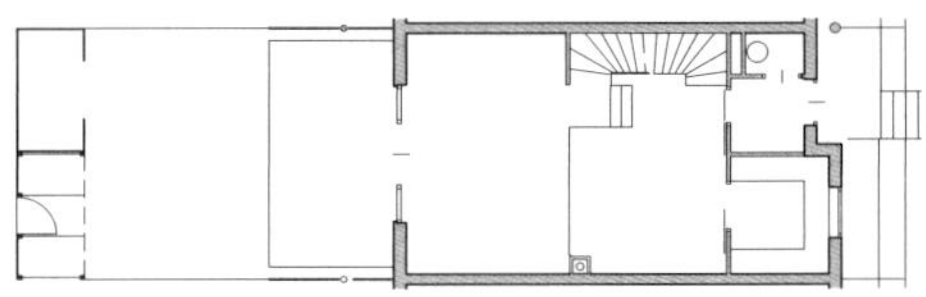

EG

III. Holzbau

Haus für den Statiker
Haus am Bach
Druckerei und Medienfirma
Haus am Hang

Einerseits bieten Holzkonstruktionen optimale Möglichkeiten zur Veränderung, andererseits fordern sie hohe Präzision in der Planung und Ausführung; besonders, wenn Rohbauoberflächen schon fertige Oberflächen bilden. Der Umgang mit dem Material ist – je nach Werkzeug und Behandlung – archaisch und technisch zugleich.

On the one hand, wooden constructions offer an optimal range of possibilities for alteration. On the other hand, they demand a high level of precision in planning and realization, especially when the structural elements in the „shell" state of the construction form the finished surfaces as well. Depending on the tools and the treatment, the way one deals with the material is archaic as well as technical.

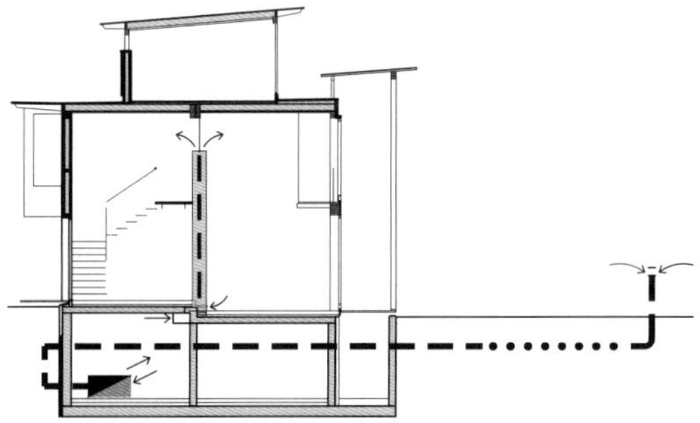

Haus für den Statiker

Der Wunsch nach „Klarheit der Konstruktion“– zu Projektbeginn noch materialneutral – war ein wesentlicher Aspekt. Je einfacher das Haus wurde, desto mehr schien ein Holzbau die optimale Lösung zu sein. Die Stampflehmwand im Zentrum des Hauses dient als Wärme- und Feuchtigkeitspuffer – und gibt „Rückendeckung“ zur Straßenseite. In gewisser Weise ist es ein „Vorläufermodell“ zur 1999/2000 realisierten Medienfirma.
Wir sprachen oft vom Kochen, Essen und Ofenwärme in einem offenen, zum Garten hin orientierten Haus und davon, dass es vom Dach des Abbruchhauses einen wunderbaren Blick über die Stadt gab.

House for the Constructer

The essential aspect was the wish for „clarity in construction“ at the beginning of the project when no materials had been appointed yet. The simpler the house became, the more wooden construction seemed to be the optimal solution. The pressed loam wall at the center of the house is a heat and humidity regulator and backs the building onto the street. In a certain way, this project is a „forerunner“ of the media company built in 1999/2000. We often spoke about cooking, eating and the warmth of the oven in an open house oriented towards the garden. We also spoke about the beautiful view of the city from the roof of the house scheduled for demolition.

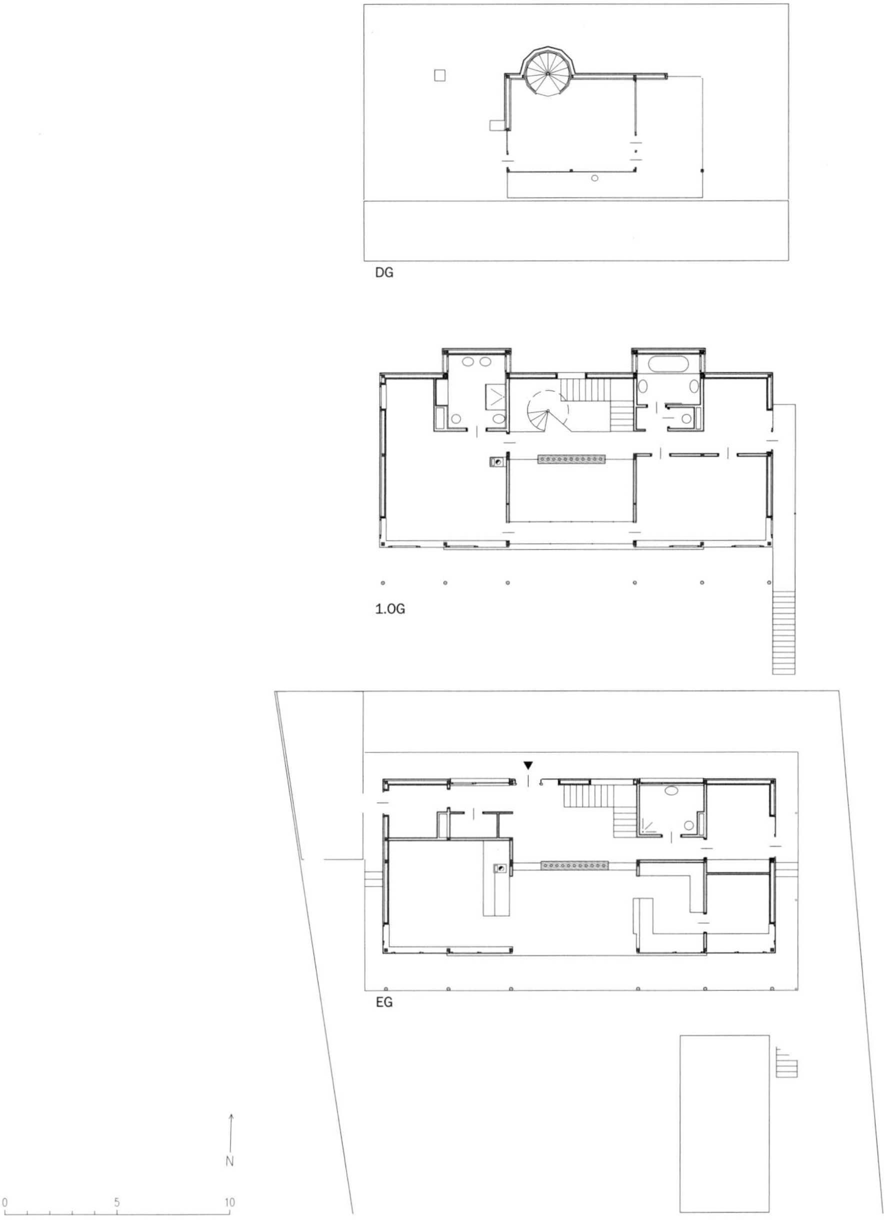
DG
1.OG
EG
N
0
5
10

Haus am Bach

Wenn Novembernebel liegen, wirkt der Ort etwas düster und die Hügel im Süden werfen in der tiefstehenden Wintersonne lange Schatten. Aber das Tal hat – neben anderen Vorzügen – einen kleinen Bachlauf, der den Ort belebt.

NÖ. Holzbaupreis 2000 1. Preis, Kategorie Wohnbau

House along the stream

When the November fog comes down, this place seems a little gloomy. The hills on the south cast long shadows due to the low winter sun. Apart from other merits, the valley has a stream which livens up the place.

Wooden construction prize of Lower Austria 2000 1. Prize, residential building category

Gemeinsam mit dem gedeckten Zugang und der Garage entsteht ein halböffentlicher Vorplatz, dahinter der private Garten. Dort gilt es, die Grenzen zwischen Privatheit und Öffentlichkeit zu bilden, die einerseits Gastfreundschaft und Offenheit signalisieren und andererseits die nötige Intimität ermöglichen. Der Besucher betritt das Haus über diesen Zugang. Westseitig vom Eingang liegt der Wohn- und Essbereich: ein lichtdurchfluteter, langgestreckter Raum. Die offene Küche ist im Norden, parallel zum Bach, angeordnet.

A semi-public space emerges with the sheltered access way and the garage. The essence is to make the borders between private and public space clear, which signalizes openness and hospitality on one side and provides the necessary intimacy on the other. The visitor enters the building by means of this access way. The living and dining room, a long room flooded with daylight, is situated on the west side of the entrance. The open-kitchen is on the north side, oriented parallel to the stream.

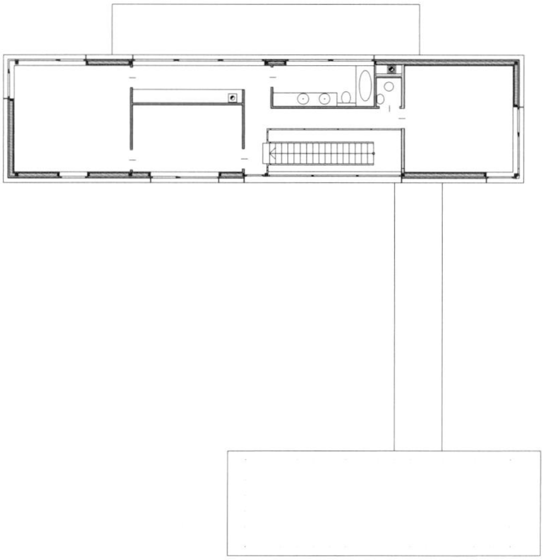

1.OG

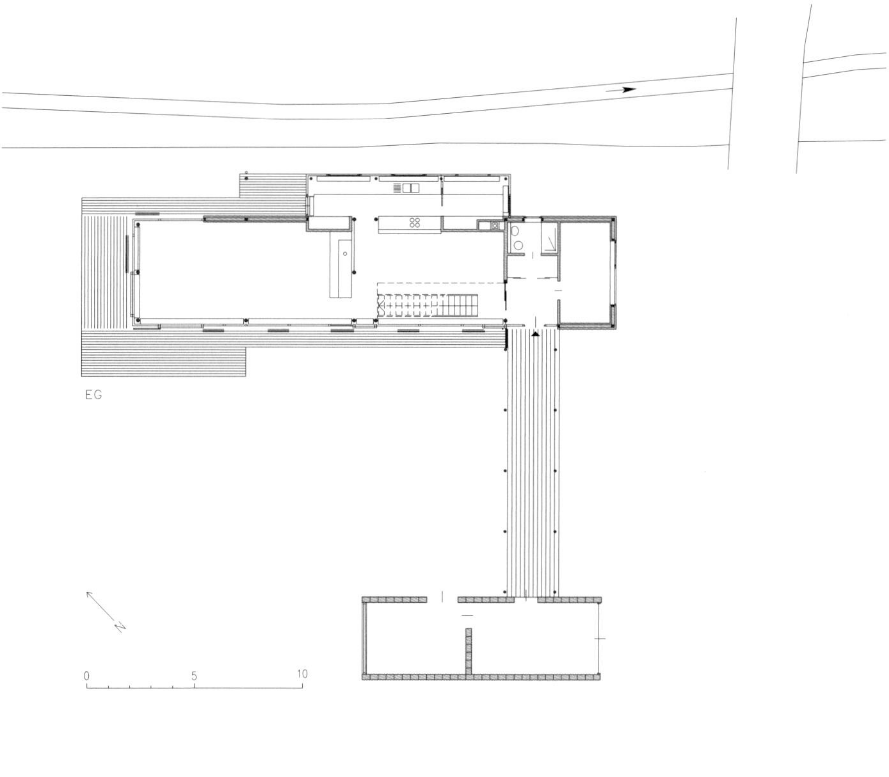

EG

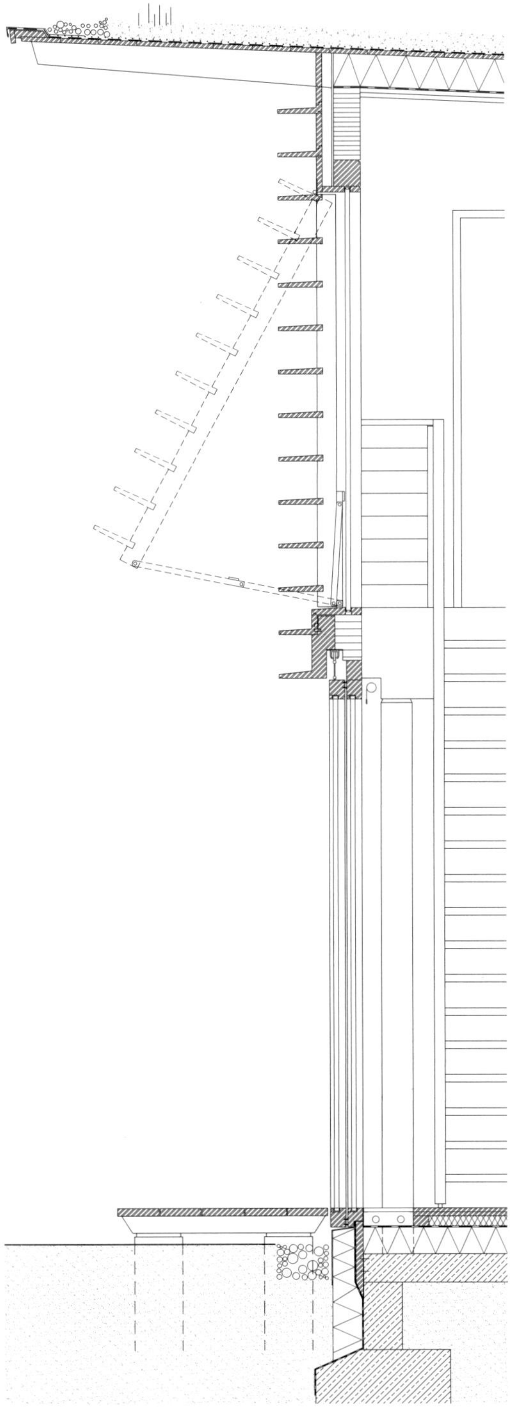

Alte Lärchenbretter faszinieren mit ihrem rotschwarzen Farbton. Damit es dazu kommt, muss die Fassade vor Schlagregen geschützt sein. Die waagrechten Bretter werden an der Oberseite grau verwittern, die senkrechten werden von der Sonne „angefeuert".

Old larch boards fascinate with their red-black color. In order to achieve this tone of color, the facade has to be protected from direct rainfall. The horizontal boards turn gray on their top side; the vertical boards are „lit" by the sun.

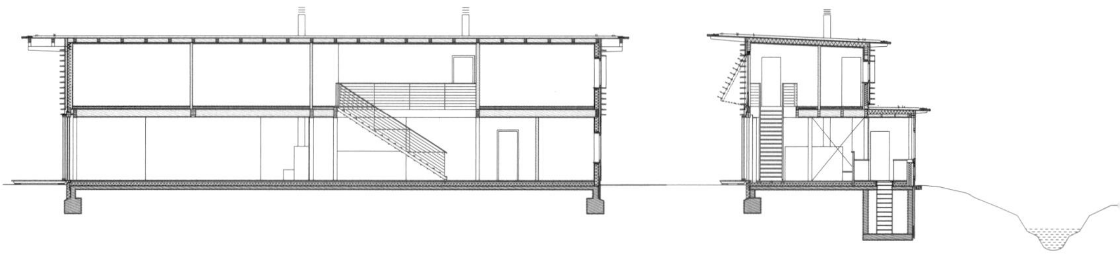

Nutzung der Erdwärme im Winter, bzw. des Kühleffektes im Sommer: In den Aufenthaltsräumen gibt es mechanische Zu- und Abluft. Die Zuluft wird über erdverlegte Rohre geführt. Im Winter wird so kalte Außenluft vorgewärmt, im Sommer gelangt hochsommerliche Warmluft bereits gekühlt in das Gebäude.

Taking advantage of the warmth of the earth in winter and its coolness in the summer: The day-rooms are equipped with a mechanical ventilation system. The supply air is directed by means of a pipeline under the earth. Thus, cold air is preheated in the winter and hot air from outside is cooled down by the time it reaches the rooms during hot summer days.

Als Kind gab es einen großen Bach bei meiner Großmutter. Sie konnte mich von ihrer Küche aus nicht sehen, hat mich sehr ermahnt, nicht hinunter zu gehen und schauderhafte Geschichten erzählt. Jetzt ist es hier anders geworden, das Glück verbunden mit der Gefahr vor dem Hineinfallen will ich nicht überstrapazieren. Herbert Ablinger

When I was a child, there used to be a big stream at my Grandmother's. She couldn't see me from her kitchen window, warned me not to go down there in a very serious manner and told me horrible stories. Now things have changed here; I don't want to push the luck about not falling into the stream. Herbert Ablinger

Druckerei und Medienfirma

Ein Haus für eine Medienfirma wird zur großen Herausforderung, dem Raschen etwas entgegenzustellen: offen für Veränderungen bei Verzicht auf Tagesmoden.

NÖ. Holzbaupreis 2000 1. Preis, Kategorie Funktionale Bauten

Printing office and Media Company

A house for a media firm turns out to be a big challenge; the challenge to create a design which can keep up with the high speed of the field, receptive to changes without giving in to the fashion of the day.

Wooden construction prize of Lower Austria 2000 1. Prize, functional buildings category

Luxuriöser Industriebau

Der Luxus besteht weniger in den teuren Dingen, als vielmehr in den Räumen und ihren Beziehungen zueinander und in den einfachen Stoffen – vielleicht auch darin, den Energie- und Ressourcenverbrauch gegenüber herkömmlichen Bauten drastisch zu senken. Wir fragen uns, ob es Luxus ist, angenehme helle Räume mit Aus- und Durchsichten aus wenigen Materialien zu haben. Vielleicht ist es elitär, oder ist es einfach der Versuch, dem Gebauten mehr Bedeutung, als nur sogenannte Funktionalität eines Industriebaus zu verschaffen.

Luxury industrial construction

Luxury does not lie so much in the expense of materials. It has much more to do with spaces, their relationship to one another, the simple materials and sinking the expenditure of energy and resources drastically compared to conventional buildings. We ask ourselves whether it is luxury to have comfortable light spaces with a view and transparency made up of a few materials. Maybe it is elitist or rather simply an attempt to give the built structure more meaning than the so called functionality of an industrial building.

Das Orientierungskonzept

Wie man sich einem Haus nähert – oder nähern kann – bestimmt den ersten prägenden Eindruck. Gerade dort, „am Land" schien uns ein Zeichen der Offenheit angebracht. Der Außenraum im Eingangsbereich ist ein bekiester, leicht ansteigender Vorplatz mit dem Zugangsweg. Der Speisesaal mit der Küche bildet den eigenständigen „Kopfbau", er ist einerseits zum Vorplatz hin und andererseits zur Pielachseite raumhoch verglast. Das „Rückgrat" des Hauses ist der oben verglaste Erschließungsraum.

The orientation concept

The first impression of a building is determined by the way one approaches a house or the way one can approach a house. To set an example of openness seemed appropriate to us, especially here, in the country side. The outdoor space at the entrance area is a slightly ascending, graveled slope which forms the forecourt with an access way. The dining room with the kitchen builds an independent „head structure" which is glazed room-high on the forecourt side as well as on the Pielach side. The „backbone" of the house is the staircase space which is glazed on the top floor.

1 **Empfang** reception area
2 **Speisesaal** dining-hall
3 **Küche** kitchen
4 **Multizone** multi-zone
5 **Druckhalle** print hall
6 **Digitaldruck** digital print
7 **Druckform** printing forme
8 **Büro** office

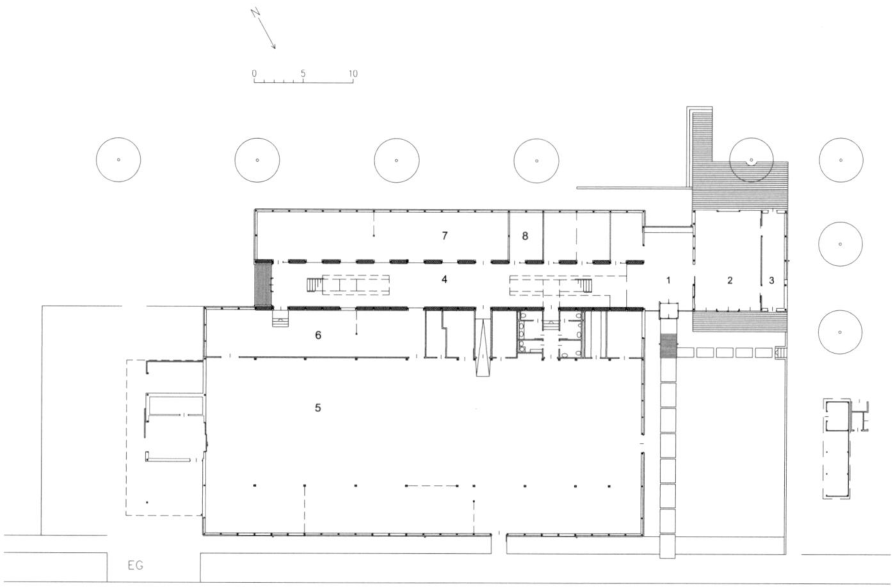

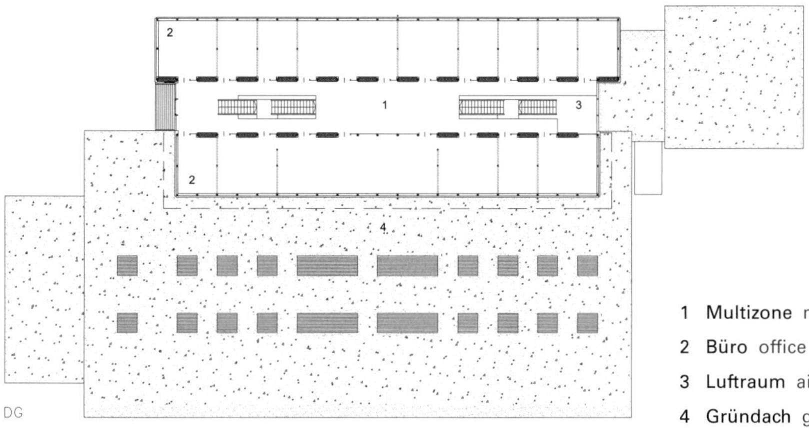

1 **Multizone** multi-zone

2 **Büro** office

3 **Luftraum** air space

4 **Gründach** green roof

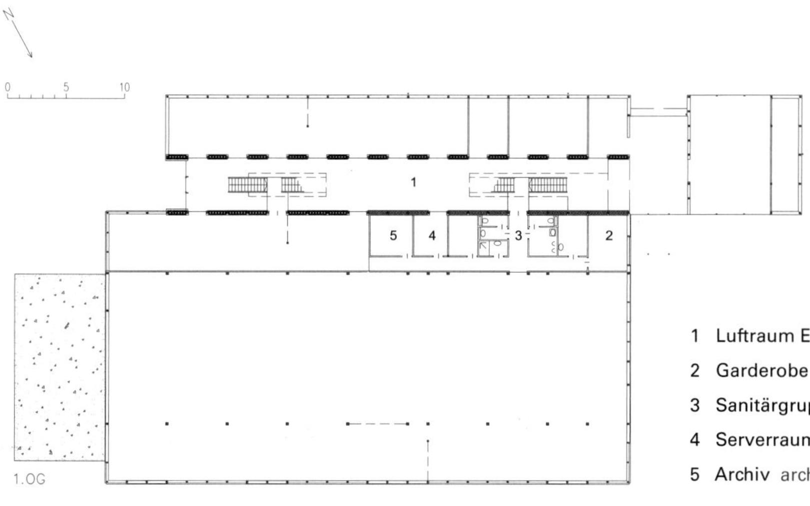

1 **Luftraum Erschliessung** stair-case space

2 **Garderobe** warderobe

3 **Sanitärgruppe** washrooms

4 **Serverraum** server room

5 **Archiv** archive

Materialkonzept „Veränderbarkeit“ versus „Bauen für die Ewigkeit“

Betriebliche – wie auch gesellschaftliche – Veränderungen haben eine bisher unbekannte Geschwindigkeit. So wird das (leicht) Veränderbare zur Qualität. Der konstruktive Holzbau ist durch die Freiheit der Wandpositionierung wesentlich nutzungsflexibler als jede andere Bauweise. Neben den thermischen erreicht das Material auch hinsichtlich seiner ökologischen Eigenschaften ein kaum zu überbietendes Niveau. Die Stampflehmwände sind Temperatur- und Feuchtigkeitspuffer, sämtliche Büroräume liegen an diesen Wänden, jedes Büro hat daraus seine eigene Frischluftversorgung.

Material concept: „adaptability“ versus „building for eternity“

Changes in commercial and social life occur at a high speed unseen up until now. Therefore, easily adaptable has become a quality. Constructive wood-frame is more flexible in use than all other construction systems due to the freedom with which one can place the walls. Apart from its thermal and environmental qualities, the material also reaches a level hard to outperform. The pressed loam walls act as a temperature and humidity regulator. All office rooms adjoin these walls and have their own fresh air supply through them.

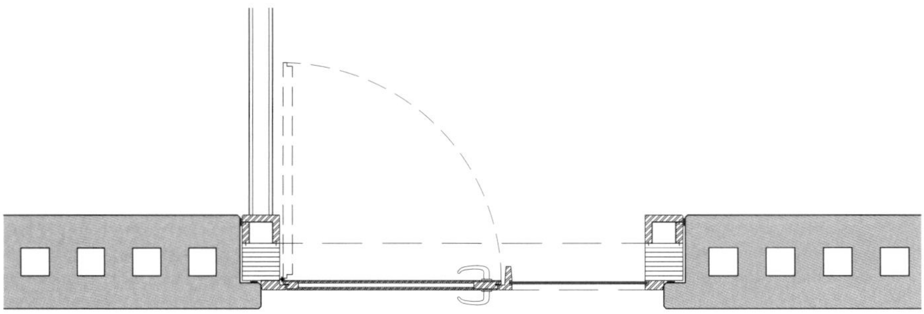

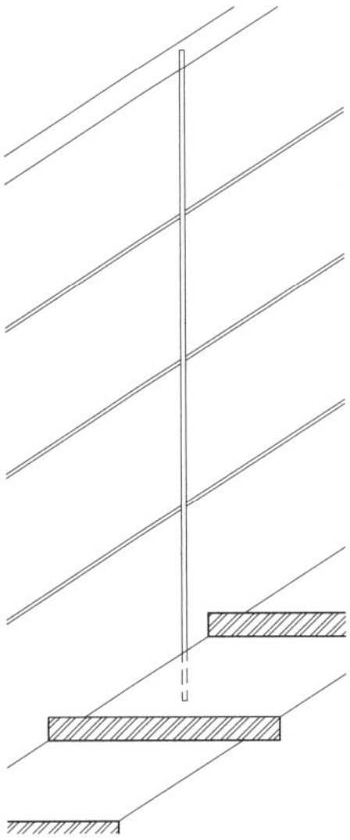

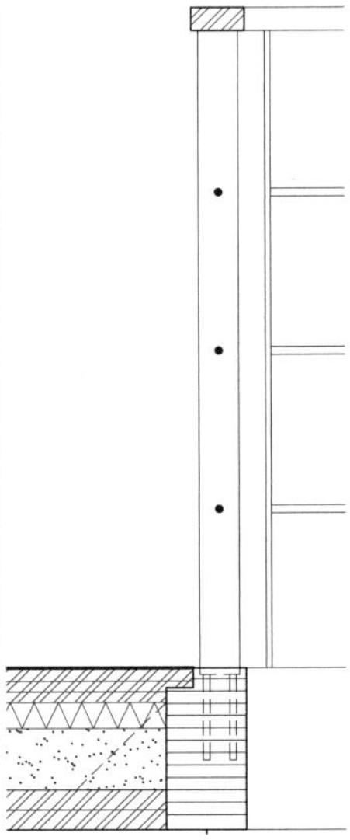

Energiekonzept

Je besser die Dämmeigenschaften der Bauteile sind, desto größer wird der Anteil der Lüftungswärme am gesamten Wärmeverbrauch des Gebäudes. Die Minimierung des Lüftungswärmebedarfs ist also ein Ziel, kombiniert mit dem Wunsch, im Sommer kühle Luft ohne Energiezufuhr zu „erzeugen": Frischluft wird außen angesaugt und durch erdverlegte Luftkanäle im Sommer gekühlt, im Winter vorgewärmt.

Energy concept

The better the insulation of the various compound units of a building, the bigger the share of „ventilation heat" on the entire heat consumption of the building. Combined with the desire to „produce" cool air without additional devices in the summer, the aim is to minimize the ventilation heat required: Fresh air is sucked in from outside and cooled in the summer and preheated in the winter on its way through the pipeline laid underground.

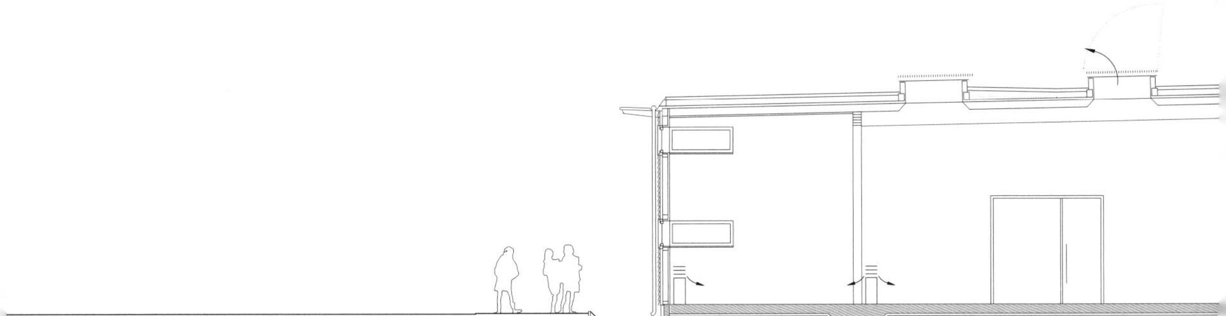

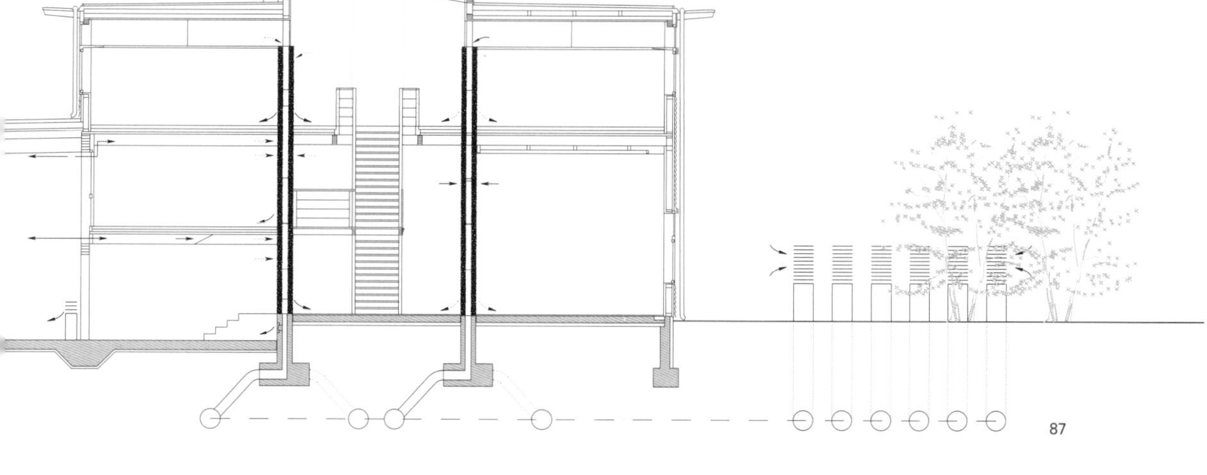

Wasserkreise

Regenwasser – Sämtliche Dachflächen wurden als Gründach ausgeführt, die Oberflächenwässer versickern am eigenen Grundstück. Brunnenwasser – Der Brunnen versorgt den Kühlkreislaufwärmetauscher für die sommerliche Gebäudekühlung mit kaltem Wasser, das um ca. 2° erwärmte Brunnenwasser speist den Sickerteich südlich des Bürotraktes. WC's, Garten- und Gründachbewässerung werden ebenfalls vom eigenen Brunnen versorgt.

Water cycles

Rain Water – All roof surfaces are constructed as a green roof. The water on the surface is absorbed within its own plot of land. Fountain water – The fountain provides the „air cooling cycle and heat exchanger" with water to cool the building in summer. The water from the fountain, warmed up by about 2°, feeds the collector pond south of the office wing. The water for the toilets and for the irrigation of the green roof and the garden is also provided by the fountain.

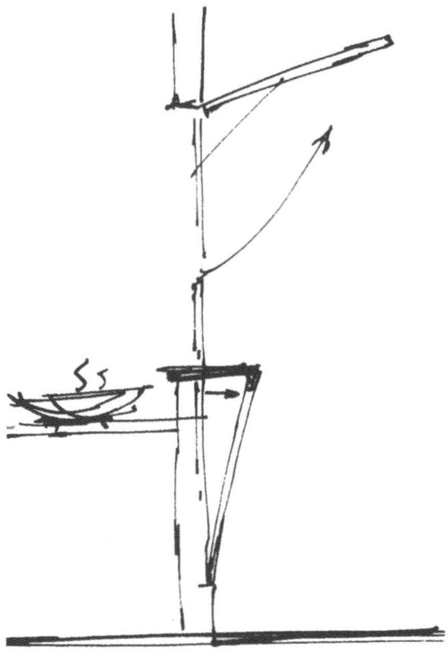

Wir diskutierten über die Möglichkeiten, Präsentationsräume und Speisesaal zu einem großen, offenen Raum zu vereinen. Irgendwann einmal, bei einem der Arbeitsessen, erübrigte sich dann diese Frage.

We discussed combining the dining hall and the representation rooms into one big open space. One day, during a business lunch, there was nothing more to be said about this idea.

Haus am Hang

Schon zu Beginn der eigenen Arbeiten stand die Idee vom „Leben mit der Sonne". Das steile südorientierte Hanggrundstück schien für viele unbebaubar. Der Traum vom nach Süden offenen Haus, machte die Wahl leicht.

House on a slope

The idea of „Living with the sun" was already present at the beginning of our own work. For many others, the property on the steep slope oriented towards the south seemed unsuitable for a building. The dream of a house open towards the south, made the decision easy.

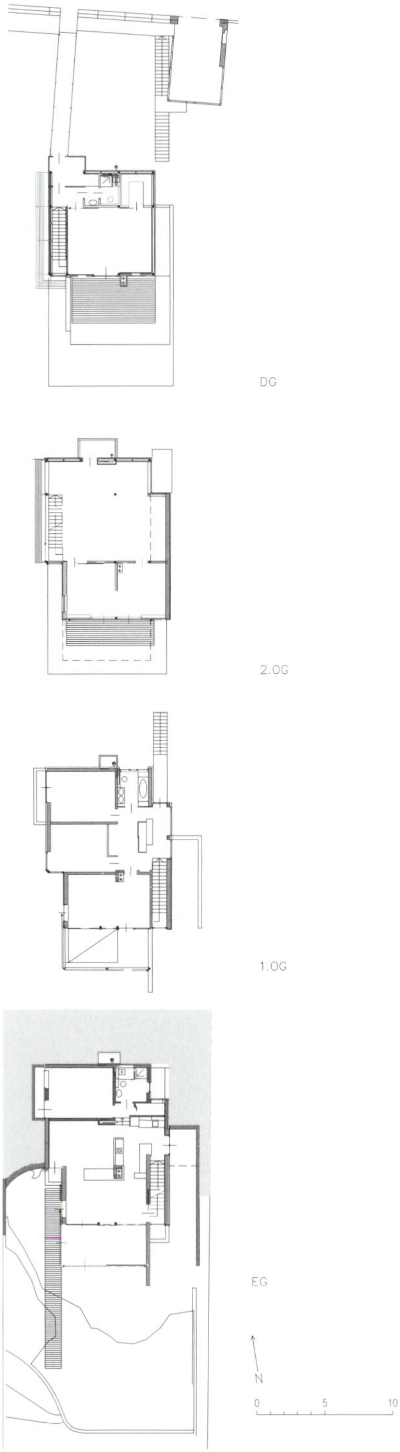
DG
2.OG
1.OG
EG
N
0
5
10

Soweit ich mich zurückerinnern kann, habe ich gebaut. Als Kind waren das Baumburgen, Schilfhütten, fahrbare Untersätze. Später dann gab es Gelegenheit, in den Bergen ohne Strom und vorerst ohne Wasser, die Urbarmachung der Welt kennenzulernen: Wie baue ich eine Quellfassung oder einen Ofen aus Stein. Wie bei einer langen Wanderung wird das Tun zur Meditation.

I have been constructing buildings for as long as I can remember. It started out as tree forts, shacks out of reed, and platforms on wheels when I was a child. Later I had a chance to become acquainted with cultivation of the world in the mountains, without electricity or water for a start: How do I build a frame for spring water, how do I make an oven out of stone. Action turns into meditation just like it does on a long hike.

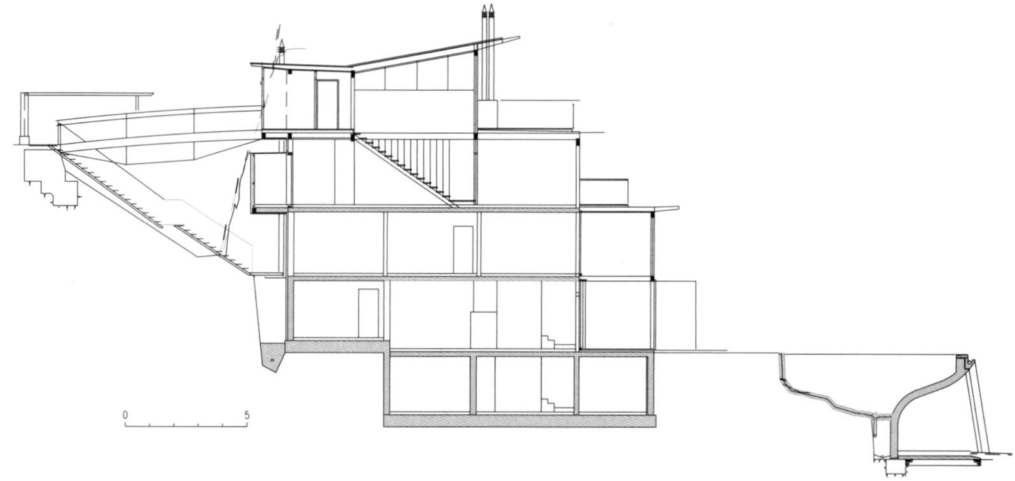

Wer dieses Gefühl des Bauens je kennengelernt hat, den lässt es nicht los. Es hat etwas zu tun mit Vorfreude, mit dem Glanz in den Augen auf die Idee oder das werdende Ding gerichtet – schlimmstenfalls mit Besessenheit – jedenfalls mit Faszination. Und es hat zu tun mit der Erkenntnis, dass das eine oder andere nicht so geworden ist, wie gedacht, oder dass es noch einmal – oder zum wiederholten Male – geändert, verbessert werden muss.

This feeling of constructing doesn't let go of anyone who has experienced it once. It has to do with anticipation, with the shine in one's eyes while looking at an idea or its realization. At its worst, it has to do with obsession, but at any rate with fascination. And it has to do with the insight that one thing or another has not turned out the way it was supposed to, or that it has to be changed and improved repeatedly.

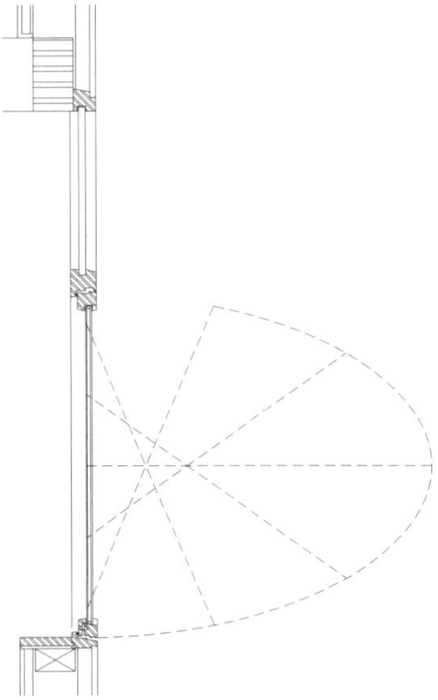

Für sich selbst zu bauen birgt daher das Risiko in sich, dass man mit dem Gebauten nicht zufrieden ist, das Geplante nie fertig wird oder es immer neuer Korrekturen bedarf, bis Änderungen an den Rahmenbedingungen die nächste Umplanung oder den nächsten Umbau erfordern.

Building for oneself therefore comprises the risk that one is never satisfied with what has been built, that what has been planned will never be finished, that it continuously requires alterations until the changes in the basic conditions force the next alteration or replanning.

Diesen natürlichen Drang zur Veränderung gilt es zu „kultivieren". Wir tendieren vielleicht deshalb zu Bauweisen, die Veränderungen leichter zulassen.

One must „cultivate" this natural impulse for change. Maybe that is why we tend to use construction methods that are receptive to change.

Bauen ist Veränderung. Bauen ist Verwundung, Therapie und Heilung. Das Gebaute braucht inneres Gleichgewicht. Jetzt ist unser Wohn- und Bürohaus fertig, das Gebaute wird sich bewähren müssen. Die Auswirkungen sind wesentlicher Teil des Eigenexperiments.

Building means change. It means wounding, therapy, and healing. That which has been built has to possess an inner balance. Our residential-office building is finished now. The building will have to prove its worth. The effect is an essential part its own experiment.

IV. Übersicht

Administrative Bibliothek, 1010 Wien
Mitarbeit: Cecilia Bechteler-Najjar, Cristina Dissegna, Dieter Schmidt
Grundstücksfläche: 2.182 m^2
Bebaute Fläche: 1.535 m^2
Nettogrundrissfläche: ~ 4.700 m^2
Bauzeit: 1985 – 1998
Nettoherstellungskosten: ~7,8 Mio. Euro
Bauherr: Rep.Österreich/BMWA

Jettmargasse, 1230 Wien
Mitarbeit: Dieter Schmidt
Grundstücksfläche: 4.165 m^2
Bebaute Fläche: 1.264 m^2
Förderbare Nutzfläche: 2.295 m^2
Bruttogrundrissfläche: 3.346 m^2
20 Wohnungen
Bauzeit: 9/1992 – 7/1994
Nettoherstellungskosten: 2,7 Mio. Euro
Bauträger: Neues Leben

Ferdinand Freyweg, 1140 Wien
Mitarbeit: Cristina Dissegna
Grundstücksfläche: 1.680 m^2
Bebaute Fläche: 448 m^2
Bruttogrundrissfläche: 1.266 m^2
Förderbare Nutzfläche: 885 m^2
8 Wohnungen
Bauzeit: 10/1993 – 8/1995
Nettoherstellungskosten: 1,1 Mio. Euro
Bauträger: SEG

Brünnerstrasse, 1210 Wien
Mitarbeit: Cristina Dissegna
Grundstücksfläche: 3.728 m^2
Bebaute Fläche: 1.242 m^2
Bruttogrundrissfläche: 3.403 m^2
Förderbare Nutzfläche: 2.721 m^2
26 Wohnungen
Bauzeit: 1994 – 1995
Nettoherstellungskosten: ~3,2 Mio. Euro
Bauträger: SEG

Wulzendorfstrasse, 1210 Wien
Mitarbeit: Dieter Schmidt, Cecilia Bechteler-Najjar, Beatrice Unterberger
Grundstücksfläche gesamt: 24.754 m^2
Bebaute Fläche gesamt: 10.783 m^2
Bruttogrundrissfl. gesamt: 26.063 m^2
Förderbare Nutzfläche: 8.139 m^2
80 von 236 Wohnungen
Bauzeit: 6/1994 – 9/1996
Nettoherst.kosten, gesamt: ~28 Mio. Euro
Bauträger: Neues Leben

Haus im Wienerwald – Umbau, 1140 Wien
Grundstücksfläche: 614 m^2
Bebaute Fläche: 84 m^2 davon
Bestand 61,3 m^2, Zubau 22,7 m^2
Nutzfläche: 129 m^2
Bauzeit: 1996 – 1997
Nettoherstellungskosten: ~122.000 Euro
Bauherr: Fam. Böhm

Haus für den Statiker, Maria Enzersdorf
Mitarbeit: Cristina Dissegna
Grundstücksfläche: 814 m^2
Bebaute Fläche: 176 m^2
Nettogrundrißfläche: 344 m^2
Planungsphase: 1995 – 1996
Bauzeit: 1996 – 1997
Nettoherstellungskosten: ~ 580.000 Euro
Eigenleistungen: Statik
Energieverbrauch: 41 kWh/m^2a
Bauherr: Fam. Stanek

Haus am Bach, Maria Gugging
Mitarbeit: Claudia Schumm, Gerlinde Pöttinger, Cristina Dissegna
Grundstücksfläche: 1.431 m^2
Bebaute Fläche: 209 m^2
Nettogrundrißfläche gesamt: 259 m^2
Planungsphase: 1996
Bauzeit: 4/1998 ~8/1999
Nettoherstellungskosten: ~ 436.000 Euro
Energieverbrauch: 53 kWh/m^2a
Bauherr: Fam. Krasa

Druckerei und Medienfirma, NÖ
Mitarbeit: Cecilia Bechteler-Najjar,
Johannes Ritzer, Beatrice Unterberger
Grundstücksfläche: 6.379 m^2
Bebaute Fläche: 1.483 m^2
Bruttorauminhalt: ~11.300 m^3
Nettogrundrißfläche insgesamt: ~2.100 m^2
Bauzeit: 6/1999 – 6/2000
Nettoherstellungskosten: ~2,2 Mio. Euro
Bauherr: Gugler Print & Media, Pielach NÖ
Generalplanung: Ablinger, Vedral & Partner
Lehmbau: Martin Rauch, Schlins

Generalsanierung Wallnerstr., 1010 Wien
Projektleitung: Gerlinde Pöttinger
Mitarbeit: Cecilia Bechteler-Najjar,
Uwe Diller, Cristina Dissegna, Ruth König,
Beatrice Unterberger,
Grundstücksfläche: 2.662 m^2
Bebaute Fläche: 2.465 m^2
Bruttorauminhalt: 43.309 m^2
Nettogrundrißfläche: 7.755 m^2
Planung: 1997– 2000, 2003
Bauphase I - Abbruch: 1/2000 – 4/2000
Nettoherstellungskosten: ~23 Mio. Euro
Eigentümer: Republik Österreich
Nutzer: OSCE
Generalplanung: Ablinger, Vedral & Partner

Haus am Hang, 1140 Wien
Büro und Wohnung
Grundstücksfläche: 650 m^2
Bebaute Fläche: ~100 m^2
Nettogrundrissfläche: 350 m^2
Bauzeit: 1995 – 2002
Nettoherstellungskosten: ~580.000 Euro
Bauherr: Ablinger & Vedral

Handelskai, 1020 Wien
Mitarbeit: Gerda Gibelhauser, Ruth König
Cecilia Bechteler-Najjar, Gerlinde Pöttinger,
Johannes Ritzer
Grundstücksfläche: 5.710 m^2
Bebaute Fläche: 3.849 m^2
Bruttogeschoßfläche: 31.808 m^2
Förderbare Nutzfläche: 17.860 m^2
220 Wohnungen
Supermarkt: 2.367 m^2
Planung: 2000 – 2001, 2003
Nettoherstellungskosten: 20,3 Mio. Euro
Bauträger: Domizil

Tokiostrasse, 1220 Wien
Mitarbeit: Cristina Dissegna, Veronika
Schnedl, Johannes Ritzer
Grundstücksfläche: 2.214 m^2
Bebaute Fläche: 1.926 m^2 + 412 m^2
Straßenüberbau
Förderbare Nutzfläche: 8.615 m^2
Bruttogeschossfläche: 13.790 m^2
108 Wohnungen, 177 m^2 Lokale
Planungsphase: 2000 – 2002
Bauzeit: 6/2002 – 2003
Nettoherstellungskosten: 8,7 Mio. Euro
Bauherr: GSG

Appesbacher Zimmerei.Holzbau, Abersee
Grundstücksfläche: 1.287 m^2
Bebaute Fläche: 438 m^2
Nutzfläche: 771 m^2
Bauzeit: ab 2001
Bauherr: Appesbacher Zimmerei.Holzbau

Haus Glawischnig - Umbau, 1140 Wien
Mitarbeit: Ruth König
Grundstücksfläche: 452 m^2
Bebaute Fläche: 96 m^2 davon
Bestand 78 m^2, Zubau 18 m^2
Nutzfläche: 134 m^2
Bauzeit: 2002
Nettoherstellungskosten: ~140.000 Euro
Bauherr: Fam. Glawischnig

Haus Gmach, 1140 Wien
Mitarbeit: Gerda Gibelhauser, Uwe Diller
Grundstücksfläche: 940 m^2
Bebaute Fläche: 204 m^2
Nettogrundrissfläche: 317 m^2
Planung: 2001
Nettoherstellungskosten: ~ 436.000 Euro
Bauherr: Fam. Gmach

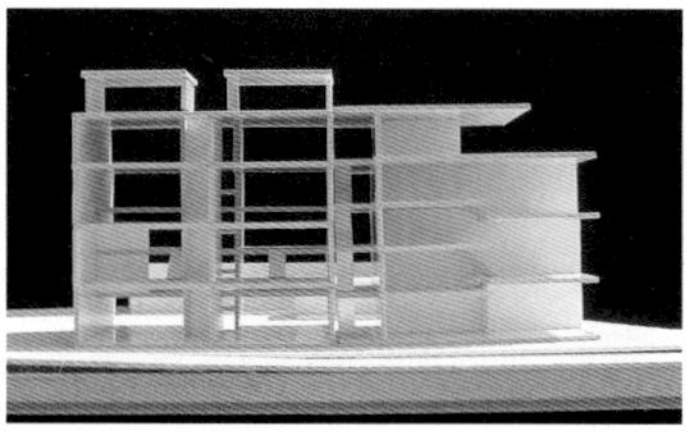

Wiener Neustadt
Mitarbeit: Cecilia Bechteler-Najjar,
Uwe Diller Gerlinde Pöttinger
Grundstücksfläche: 1.321 m^2
Bebaute Fläche: 403 m^2
Bruttogrundrissfläche: 2.825 m^2
Förderbare Nutzfläche: 1.250 m^2
14 Wohnungen
Planung: 2001
Nettoherstellungskosten: ~1,5 Mio. Euro
Bauträger: Frieden

Ketzergasse, 1230 Wien
Mitarbeit: Ruth König, Gerlinde Pöttinger
Grundstücksfläche: 2.358 m^2
Bebaute Fläche: 740 m^2
Bruttogrundrissfläche: 2.067 m^2
Förderbare Nutzfläche: 1.468 m^2
12 Wohnungen, 180 m^2 Apotheke
Bauzeit: 7/2002 – 7/2003
Nettoherstellungskosten: ~1,5 Mio. Euro
Bauträger: GPA

Wurmbrandgasse, 1220 Wien
Mitarbeit: Cecilia Bechteler-Najjar,
Gerlinde Pöttinger
Grundstücksfläche: 991 m^2
Bebaute Fläche: 672 m^2
Bruttogrundrissfläche: 2.911 m^2
Förderbare Nutzfläche: 1.705 m^2
18 Wohnungen, 90 m^2 Lokal
Nettoherstellungskosten: ~2,1 Mio. Euro
Bauträger: Frieden

Wettbewerb
1994: Salzburger Sparkasse, Salzburg

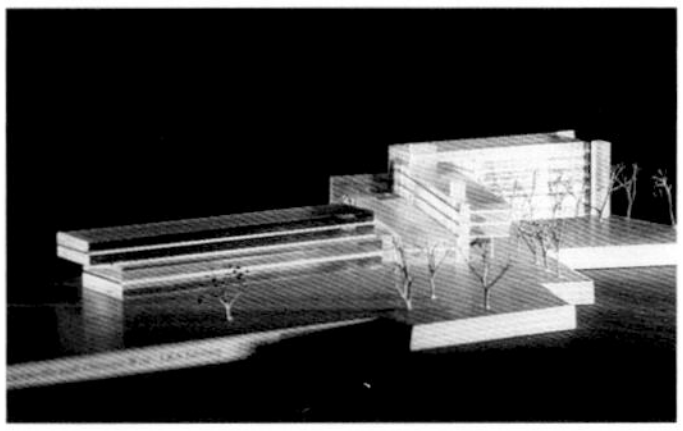

Wettbewerb
1995: Chirurgie West, Salzburg

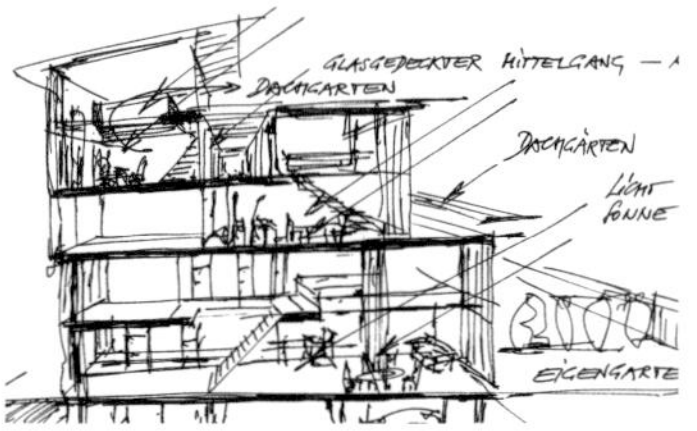

Bauträgerwettbewerb
1996: Perfektastraße, 1230 Wien
Sonderpreis

Wettbewerb
2001: Transfusionsmedizin,
Salzburg

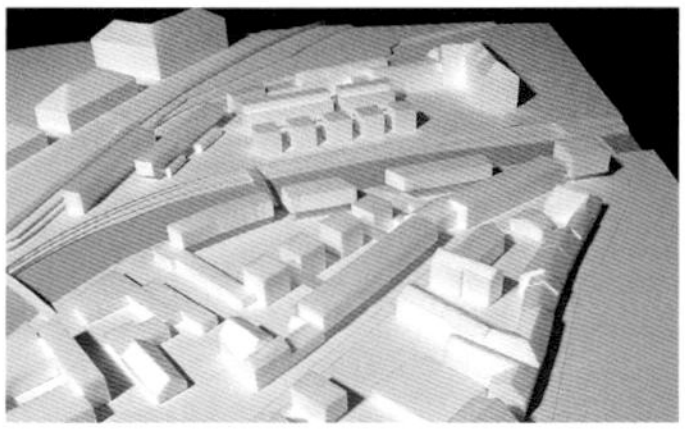

Wettbewerb
2001: EU-Wettbewerb Ökologische
Stadtsanierung, Revitalisierung
Innenstadt Kapfenberg

Wettbewerb
2001: G.A.V. Brücke, Villach

Wettbewerb
2002: Uni-park, Salzburg

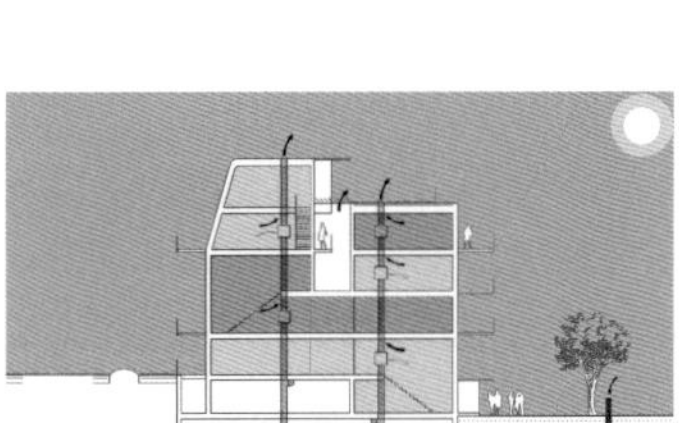

Wettbewerb
2002: Passivhaus, Wien

Glossar	Glossary
Abbruch	demolition
Administrative	administrative
Bibliothek	library
Akustik	acoustics
Apotheke	farmacy
Archiv	archive
Autor	author
Bauherr	client
Bauphase	construction stage
Bauträger	building contractor
Bauträgerwettbewerb	developer competition
Bauingenieur	civil engineer
Bauzeit	construction period
Bebaute Fläche	built-up area
Bruttogrundrißfläche	floor area
Bruttorauminhalt	gross cubage
Dipl.Ing.Arch.	master of arch.
Druck	printing
Eigenleistungen	own contribution
Eigentümer	owner
Energieverbrauch	energy consumption
Feng-Shui Ausbildung	feng-shui education
Förderbare Nutzfläche	floor space-sponsored
Fotonachweis	list of photographs
Generalplanung	general planning
Geschäftsflächen	commercial areas
Grafische Unterstützung	design assistance
Grundstücksfläche	site area
Impressum	imprint
Ing.Konsulent für Bauwesen	consultant engineer for the construction industry
Konservatorium Wien	conservatory of Vienna
Landschaftsplanung	landscape design
Lehmbau	loam construction
Lehrbeauftragte	visiting lecturer
Mitarbeit	assistance
Nettogrundrissfläche	net floor area
Nettoherstellungskosten	net production costs
Nutzer	user
Ökologische Stadtsanierung	ecological redevelopment
Revitalisierung Innenstadt Kapfenberg	revitalisation old town of Kapfenberg
Partner	associate partner
Passivhaus	low energy house
Planung	planning
Projektleitung	project managing
Statik	structural consultant
Steinsetzungen	pavior
Stud. Querflöte	stud. transverse flute
Übersetzung	translation
Umbau Haus Böhm	modification of house Böhm
Vorstandsmitglied	board member
Vorwort	introduction
Wettbewerb	competition
Wohnungen	apartments
Ziviltechniker	certified civil engineer

Impressum

Vorwort: Otto Kapfinger, Wien

Autor: Ablinger, Vedral & Partner, Wien / Herbert Ablinger, Cecilia Bechteler-Najjar

Grafische Unterstützung: Atelier Reinhard Gassner, Schlins / Ruth Gassner

Übersetzung: Übersetzungsbüro Emine Stelzhammer / Didem Durakbasa

Druck: Gugler Print&Media GmbH, Melk

Fotonachweis

Gisela Erlacher, Wien Seiten 49, 64-65, 66, 69-72

Bruno Klomfar, Wien Seite 85

Thomas Reinagl, Wien Seiten 22, 25, 74-78, 80, 83, 89, 91

Manfred Seidl, Wien Seiten 38-39, 46-47

Rupert Steiner, Wien Seiten 50, 53

Bildarchiv der österr. Nationalbibliothek, Wien Seiten 27, 28

Archiv Ablinger-Vedral & Partner

erschienen im Verlag Anton Pustet, Bergstr. 12, 5020 Salzburg

ISBN-Nummer 3-7025-0483-4

Herbert Ablinger geboren 1957
1985 Dipl.Ing.Arch.+ Bauing. TU Wien
1992 Architekt
1992 Ing. Konsulent für Bauwesen
1993 – 1994 Vorstandsmitglied „Neues Leben"
1995 Ablinger, Vedral & Partner
1996 Feng-Shui Ausbildung

Renate Vedral geboren 1959
1977 – 81 Stud. Querflöte Konservatorium Wien
1986 Dipl.Ing.Arch. TU Wien
1994 Ziviltechnikerprüfung
1992 – 1998 Univ. Ass. TU Wien
1998 – 2002 Lehrbeauftragte TU Wien

Gerlinde Pöttinger geboren 1966
1995 Dipl.Ing.Arch. TU Wien
1999 Partnerin Ablinger, Vedral & Partner
2001 Ziviltechnikerprüfung

Mitarbeiter:
seit 1992 Cristina Dissegna
seit 1993 Cecilia Bechteler-Najjar
seit 1996 Johannes Ritzer
seit 1999 Ruth König

1985 – 1994 Dieter Schmidt
1995 – 1996 Gerda Gibelhauser
1995 – 2000 Beatrice Unterberger
2000 – 2001 Uwe Diller
2000 – 2001 Veronika Schnedl

Ablinger, Vedral & Partner ZT GmbH
Loudonstrasse 23, 1140 Wien
Tel. +43 1 979 68 92 Fax: -16
atelier@a-v.at, www.a-v.at